目　　次

第1章　推進委員制度の概要

はじめに

　地域交通安全活動推進委員（以下「推進委員」と略称します。）の制度は、平成2年の道路交通法の一部改正により設けられ、平成3年1月から全国でスタートしました。

　制度導入時には、推進委員の活動として、特に駐車問題を解決するための活動が掲げられていましたが、その後の道路交通法改正により、平成9年には住民に対する交通安全教育、平成19年には自転車の適正な通行に関する啓発活動、平成21年には「高齢者、障害者その他その通行に支障のある者の通行の安全を確保するための方法について住民の理解を深めるための運動の推進」が加えられました。

　推進委員制度については、「道路交通法」（昭和35年法律第105号。以下この章と第2章において「法」と略称します。）及び「地域交通安全活動推進委員及び地域交通安全活動推進委員協議会に関する規則」（平成2年国家公安委員会規則第7号。以下この章と第2章において「規則」と略称します。）等に必要な規定が置かれています。

　この章では、推進委員に委嘱された人に、推進委員としての心構えを持っていただくために、法及び規則を中心に、推進委員制度に関する基本的な事項について説明することにします。

1　推進委員制度の趣旨

　道路における交通の安全と円滑を確保することは、国民すべての願いであり、民間の有志が行う交通の安全と円滑に資するための自主的な活動は、比較的早い時期から行われてきました。しかし、このようなボランティア活動については、一般的には、法律上の位置付けが明確であるとは言えない状況にありました。

　地域における交通問題を解決するためには、行政機関による取組の強化はもちろん重要ですが、このような取組と併せ、地域住民の理解と協力を得て、地域ぐるみでこの問題に取り組んでいただくことが重要です。

　そこで、地域における道路交通に関するモラルを向上させ、交通安全の確保について住民の理解を深めるための諸活動のリーダーとして活躍していただくボランティアの人たちに法律上の資格を付与し、その活動の促進を図るために設けられたのが、推進委員の制度です。

　このように、ボランティアの法律上の位置付けを明確にすることで、

　○　推進委員自身の意欲の増進と責任の自覚

　　　法律上の規定に基づいて委嘱し、活動内容を法令で規定することにより、推進委員の活動意欲を高めるとともに、その職責を自覚してもらう効果

　○　住民の理解と協力の確保

　　　法律による全国的な制度とすることによって、その知名度を高め、推進委員に対する地域住民の理解と協力を得やすくする効果

が図られるものと期待されています。

2　推進委員の法的地位

(1)　身分

　推進委員に委嘱された人は、地方公務員法（昭和25年法律第261号）第3条第3項に規定する非常勤の特別職の地方公務員であると考えられるため、原則として、一般職を対象としている同法の規定は適用されず（同法第4条第2項）、身分関係や遵守事項等については、法及びこれに基づく規則に従うことになります。一方で、刑法上の公務員には該当するものであり（刑法第7条第1項）、刑法その他の罰則の適用については、公務員として扱われることになります。

⑵　報酬等

　推進委員の報酬については、法第108条の29第４項において、次のように定められています。

法第108条の29　　１〜３　　略

　４　　地域交通安全活動推進委員は、名誉職とする。

　５・６　　略

　「名誉職」とは、「無給職」の意味であり、一般的に、地方自治法（昭和22年法律第67号）第203条の２第１項の規定は適用されず、報酬を支給されることはありません。（活動に伴い必要とされる実費等の支給を受けることは可能と解されています。）

> **参照条文**
>
> ○地方自治法
> 　第203条の２
> 　　①　普通地方公共団体は、その委員会の非常勤の委員、非常勤の監査委員、自治紛争処理委員、審査会、審議会及び調査会等の委員その他の構成員、専門委員、監査専門委員、投票管理者、開票管理者、選挙長、投票立会人、開票立会人及び選挙立会人その他普通地方公共団体の非常勤の職員（短時間勤務職員及び地方公務員法第22条の２第１項第２号に掲げる職員を除く。）に対し、報酬を支給しなければならない。
> 　　②〜⑤　略

⑶　災害補償

　非常勤の地方公務員の公務上の災害に対する補償については、地方公務員災害補償法（昭和42年法律第121号）第69条の規定により、条例で定められることになっていますが、推進委員は、この条例による公務災害補償制度の対象となると考えられます。

> **参照条文**
>
> ○地方公務員災害補償法
> 　第２条　この法律で「職員」とは、次に掲げる者をいう。

一　常時勤務に服することを要する地方公務員（常時勤務に服することを要しない地方公務員のうちその勤務形態が常時勤務に服することを要する地方公務員に準ずる者で政令で定めるものを含む。）

二　一般地方独立行政法人（地方独立行政法人法（平成15年法律第118号）第8条第1項第5号に規定する一般地方独立行政法人をいう。以下同じ。）の役員（同法第12条に規定する役員をいう。第69条において同じ。）及び一般地方独立行政法人に使用される者で、一般地方独立行政法人から給与を受けるもののうち常時勤務することを要する者（常時勤務することを要しない者のうちその勤務形態が常時勤務することを要する者に準ずる者で政令で定めるものを含む。）

2～14　略

第69条　地方公共団体は、条例で、職員以外の地方公務員（特定地方独立行政法人の役員を除く。）のうち法律（労働基準法を除く。）による公務上の災害又は通勤による災害に対する補償の制度が定められていないものに対する補償の制度を定めなければならない。

2・3　略

(4)　刑法上の地位

　推進委員は、刑法上、「法令により公務に従事する……委員その他の職員」に該当すると解され、法において特別の規定（例えば、みなし公務員規定）を要せず、刑法その他の罰則の適用について当然に公務員として扱われます。

参照条文

〇刑法

第7条　この法律において「公務員」とは、国又は地方公共団体の職員その他法令により公務に従事する議員、委員その他の職員をいう。

2　略

3 委嘱

(1) 委嘱の要件

> **法第108条の29** 公安委員会は、地域における交通の状況について知識を有する者であつて次に掲げる要件を満たしているもののうちから、地域交通安全活動推進委員を委嘱することができる。
> 一 人格及び行動について、社会的信望を有すること。
> 二 職務の遂行に必要な熱意及び時間的余裕を有すること。
> 三 生活が安定していること。
> 四 健康で活動力を有すること。
> 2〜6 略

　推進委員は、法第108条の29第1項に定める要件を満たす人の中から、都道府県公安委員会（以下「公安委員会」と略称します。）が委嘱します。

　第1号の「人格及び行動について、社会的信望を有すること」とは、人格識見ともに優れ、行動においても関係地域の住民に信頼があることをいいます。

　第2号の「職務の遂行に必要な熱意及び時間的余裕を有すること」とは、交通の安全と円滑に資するための活動について、熱意と旺盛な使命感を持つとともに、自主的、自発的な活動を可能にするだけの時間的な余裕を有することをいいます。

　第3号の「生活が安定していること」とは、経済的、社会的、家庭的に見て、生活基盤が安定していることをいいます。

　第4号の「健康で活動力を有すること」とは、心身ともに健康であり、推進委員としての活動を行うことによって、精神的、肉体的に支障をきたすおそれがないことをいいます。

(2) 委嘱の手続

> **規則第1条** 道路交通法（以下「法」という。）第108条の29第1項の規定による地域交通安全活動推進委員（以下「推進委員」という。）の委嘱は、法第108条の30第1項の規定により都道府県公安委員会（以下「公安委員会」という。）が定める区域ごとに、当該区域を管轄する警察署長が推薦した者の

うちから行うものとする。

2　公安委員会は、推進委員の委嘱をしたときは、当該推進委員の氏名及び連絡先を関係地域の住民に周知させるよう、適当な措置を採らなければならない。

　推進委員は、所轄警察署長が推薦した者のうちから委嘱されることになります。

　また、推進委員の委嘱が行われたときは、公安委員会は、委嘱した推進委員の氏名及び連絡先を、都道府県（警察）の公報や都道府県警察のウェブサイトに掲載したり、関係警察署の掲示板に掲示したりするなど、関係地域の住民に知らせるための措置を採ることにしています。これは、地域における交通の安全と円滑に関する活動のリーダーとして地域住民の協力を確保しやすくするなど、推進委員としての活動を効果的に行うことができるようにするためです。

4　任期

　規則第2条　推進委員の任期は、2年とする。ただし、再任を妨げない。

　委嘱の当初に委嘱の要件を満たしていた人であっても、時の経過とともに、委嘱の要件を満たさなくなることがあります。また、途中で辞職はしたくなくても、適当な時期に推進委員としての活動を辞めたいという人がいることも考えられます。このようなことから、推進委員について2年の任期を定め、任期の終了の都度、改めて委嘱の要件を満たしているか否かなどについて検討することにしたものです。

　なお、補欠や増員を理由として委嘱された推進委員についても、任期は委嘱時から2年です。

5　活動区域

　規則第3条　推進委員は、その委嘱に係る第1条第1項の区域内の地域につき、活動を行うものとする。

　推進委員は、「その委嘱に係る第1条第1項の区域」、すなわち、その推進委員が

所属する地域交通安全活動推進協議会（以下「協議会」と略称します。）が担当する区域内の地域につき、活動を行うことになります。後述するように、推進委員は、必ず協議会に所属し、協議会の連絡調整の下に、活動を行うことになりますので、協議会の担当地域を推進委員の活動地域としたものです。

「区域内の地域につき」とあるのは、「区域内の地域のために」との意味です。通常は、活動区域内の地域において活動することになりますが、例えば、隣接する協議会の推進委員が合同で、両協議会の担当地域にまたがって活動を行う場合のように、全体としてみた場合、当該活動が「区域内の地域のための活動」であると認められる場合には、地理的に、自分の所属する協議会の担当地域外の地域においてもその活動を行うことができます。ただし、このような場合でも、活動区域外の地域において推進委員としての活動を行う場合には、所轄警察署と十分に連絡を取るようにしてください。

例外的に、所属する協議会を通じて他の協議会から要請を受けたような場合には、公安委員会の承認を受けて、活動区域外の地域において、推進委員としての活動を行うことも可能ですが、この場合には、よく所轄警察署の指導を受けてください。

6　活動上の注意等

> **規則第5条**　推進委員は、その活動を行うに当たっては、関係地域の住民の要望と意見を十分に尊重するよう努めるとともに、関係者の正当な権利及び自由を害することのないように留意しなければならない。
> 2　推進委員は、その地位を政党又は政治的目的のために利用してはならない。

⑴　活動上の注意
ア　地域住民の要望と意見の尊重

推進委員は、その活動を行うに当たっては、関係地域の住民の要望と意見を十分に尊重するようにしなければなりません。このことは、ボランティアに法律上の地位を与えるという推進委員制度の趣旨に鑑（かんが）み当然のことであり、推進委員としての基本的な注意事項です。

平素から、住民の要望と意見を踏まえて活動を行うよう留意するとともに、推進委員としての活動に批判的な意見に接した場合においても、むやみに反発することなく、謙虚に活動の在り方を省みるなど、真摯な対応をとることが大切です。

イ　権限に関する認識

推進委員は、その活動を行うに当たっては、関係者の正当な権利及び自由を侵害することのないように留意しなければなりません。

推進委員は、公務員としての身分はありますが、警察官や交通巡視員とは異なり、法律上特別な権限は認められていませんので、その活動は、あくまで地域住民の理解と協力を得て行わなければなりません。推進委員としての活動は、本来ボランティア活動として行われるものですので、地域住民の任意の協力の下に行われるべきものであることは、当然のことであると言えるでしょう。しかし、各推進委員の活動の進め方等によっては、強制にわたるなど、他人の正当な権利及び自由を害する事態が生ずるおそれがないとは言い切れません。このような事態が生ずることは、推進委員の活動の本質に背くことですし、また、推進委員の活動が公務性を持つことから、推進委員個人の問題として片付けるわけにはいきません。そこで、このような事態が生ずることのないように、活動上の注意として、関係者の正当な権利及び自由を侵害してはならないことを明記することとしたものです。

「関係者」とは、推進委員としての活動の対象となる人全般を指します。例えば、推進委員から交通安全教育を受ける人、広報啓発を受ける人、推進委員から協力要請を受ける人、推進委員に相談をする人等です。

また、「正当な権利及び自由を害する」活動には、刑罰法令に触れる行為はもちろんのこと、たとえ刑罰法令に触れなくても、憲法で保障された国民の権利及び自由を不当に侵害するような行為が含まれます。

具体的にはどのような行為がこの注意事項に抵触することになるのかは、例えば、次のようなケースが考えられます。

○　交通安全に関するパンフレットの受取りを拒否した者に無理強いをしてこれを受け取らせること（規則第4条第1号関係）。

○　協力要請に応じないイベントの主催者に対して、嫌がらせをして催物の開催を邪魔すること（規則第4条第2号関係）。

○　相談者の秘密を漏らすこと（規則第4条第3号関係）。

○　実地調査のためにみだりに他人の敷地内に入り込むこと（規則第4条第5号

関係)。

(2) 政治的な地位利用の禁止

推進委員は、その地位を政党や政治的目的のために利用してはなりません。

推進委員の活動は、その本質においてボランティア活動であるとはいえ、公務性を持つものです。これが特定の政党や政治的目的のために行われているとの誤解を地域住民に与えるような場合には、その信頼性を損ない、地域住民の理解と協力を得られなくなるおそれがあります。そこで、推進委員の活動について、政治的な中立性を確保し、その信頼性を高めるために、政治的な地位利用を禁止したものです。

「政党のため」とは、特定の政党を結成すること、特定の政党に加入すること、特定の政党を支持すること、特定の政党から脱退すること、特定の政党に反対すること等に資するとの意味です。

「政治的目的のため」とは、公職の選挙において特定の候補者を支持し又はこれに反対すること、特定の内閣を支持し又はこれに反対すること、特定の政治的団体を支持し又はこれに反対すること、政治の方向に影響を与える意図で特定の政策を主張し又はこれに反対すること等に資するとの意味です。

「その地位を利用する」とは、推進委員たる名称や推進委員としての活動に伴う影響力を行使することを意味します。

この遵守事項によって禁止される行為の具体的な例は、次のとおりです。

○ 推進委員が地域の住民に対して行う交通安全教室において、特定の候補者への投票を依頼する。

○ 交通安全に関するチラシとともに、特定の政党の機関誌の号外を配布する。

なお、推進委員としての地位を利用して選挙運動をしたときは、公職選挙法（昭和25年法律第100号）の規定により処罰されることがあります。

> **参照条文**
>
> **○公職選挙法**
>   **第136条の2** 次の各号のいずれかに該当する者は、その地位を利用して選挙運動をすることができない。
>   一 国若しくは地方公共団体の公務員又は行政執行法人若しくは特定地方独立行政法人の役員若しくは職員
>   二 略

7　身分証明書及び標章

> **規則第6条**　推進委員は、その活動を行うに当たっては、その身分を示す証明書を携帯し、関係者から請求があったときは、これを提示しなければならない。
>
> 2　前項の証明書の様式は、別記様式第1号のとおりとする。
>
> **規則第7条**　推進委員は、その活動を行うに当たっては、別記様式第2号の標章を用いるものとする。

⑴　身分証明書の携帯

　推進委員は、その活動を行うに当たっては、所定の様式の身分証明書を携帯し、関係者から請求があったときは、その身分証明書を提示しなければなりません。これは、推進委員の活動が、広範囲にわたって多数の人と接触する性格のものですから、身分証明書を携帯し、必要がある場合には、いつでもその身分を明らかにし、推進委員の職務の公平性、明確性について誤解を受けることのないようにしたものです。

　身分証明書は、公安委員会が委嘱に際して推進委員に対して貸与することになります。

　推進委員の身分証明書が悪用される場合には、推進委員制度に対する信頼を大きく損なうことにもなりかねませんので、身分証明書が紛失したり、盗まれたりしないように十分に注意するとともに、万一、紛失等した場合には、速やかに所轄警察署に連絡するようにしてください。

　なお、ここでは、関係者から請求があった場合に、身分証明書を提示しなければならないことを説明しましたが、関係者から請求がない場合でも自発的に身分証明書を提示して、相手方の協力を得やすくすることは、もちろんできます。

別記様式第1号（第6条関係）

（表）	（裏）

（表）

No.

写　真

地域交通安全活動推進委員証
活動区域
氏　名
　　（　　年　　月　　日生）
　年　　月　　日
　　　公安委員会 ㊞

（裏）

地域交通安全活動推進委員及び
地域交通安全活動推進委員協議
会に関する規則（抜粋）
第6条　推進委員は、その活動を行う
　に当たっては、その身分を示す証明
　書を携帯し、関係者から請求があっ
　たときは、これを提示しなければな
　らない。
　2　略

備考　用紙の大きさは、日本産業規格B列8番とする。

⑵　標章の使用

　身分証明書の携帯と同様の趣旨から、推進委員は、その活動を行うに当たって
は、所定の様式の標章（マーク）を使用しなければなりません。

　この標章として、公安委員会から所定の規格の記章（バッジ）が交付されますの
で、推進委員としての活動中には、これを着装するようにしてください。記章が悪
用される場合に生ずる問題は、身分証明書の場合と同様ですので、その管理には十
分に気を付けてください。

　この記章のほか、活動中に、標章が刷られた腕章や旗等を使用し、また、地域住
民に配るパンフレットやチラシ等に、標章を使用してもかまいません。

別記様式第2号（第7条関係）

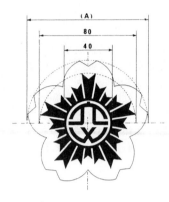

※ 推進委員に交付される記章の規格は、次のとおりで
す。

① 記章の大きさは、左図の(A)を16.5ミリメートルとし
たときのものとすること。

② 記章の色彩は、地の色を黄緑色とし、日章等の模様
及び縁取りを金色とすること。

備考 上図は、(A)を100ミリメートルとしたときの寸法比率である。

なお、推進委員でない人が推進委員の標章を用いた場合には、軽犯罪法（昭和23年法律第39号）の規定により処罰されることがあります。

参照条文

〇軽犯罪法

第1条　左〔下〕の各号の一に該当する者は、これを拘留又は科料に処する。

　一～十四　略

　十五　官公職、位階勲等、学位その他法令により定められた称号若しくは外国におけるこれらに準ずるものを詐称し、又は資格がないのにかかわらず、法令により定められた制服若しくは勲章、記章その他の標章若しくはこれらに似せて作つた物を用いた者

　十六～三十四　略

---

(3)　制服等の活用

　法及び規則において特に規定はされていませんが、地域住民に対し、推進委員に対する認識をより深めてもらい、より効果的に推進委員としての活動が行えるようにするため、

　〇　推進委員の自宅に、推進委員宅を明示する表札（プレート）を掲出する。

　〇　制服（ブレザー等）を作製する。

といったことも差し支えありません。

8　講習

規則第8条　公安委員会は、推進委員を委嘱したときは、速やかに、当該推進委員に対し、講習を行うように努めなければならない。

2　公安委員会は、道路における交通の安全と円滑に寄与することを目的とする一般社団法人又は一般財団法人その他の者で前項に規定する講習を行うのに必要かつ適切な組織及び能力を有すると認められるものに同項に規定する講習の実施を委託することができる。

　道路交通の現状に関する知識、道路交通関係法令の基礎的な知識、推進委員としての心構え、活動要領、交通安全教育の実施要領等、推進委員が適正かつ効果的にその活動を行うため必要な基本的な事項について、公安委員会が推進委員の委嘱に

際して講習を行うこととしたものです。

9 指導

> **規則第9条** 推進委員は、その職務に関して、公安委員会の指導を受けるもの
> とする。

　公安委員会は、それぞれの推進委員の活動区域において、交通に関する現状や問題となっている事項を考慮して、推進委員と行政側とが一体となって、地域における交通の安全と円滑に資するための活動がより効果的、効率的なものとなるよう配慮する必要があります。このため公安委員会は、推進委員に対し、その活動内容について指導を行うことができることとされています。

　また、推進委員としての活動は、本質的にはボランティア活動ですが、公務性を持っていますので、任命権者である公安委員会は、推進委員の活動が適正かつ効果的に行われることについて、全般的に責任を負っていることになります。そこで、公安委員会がその責務を果たすことができるようにするため、規則第5条等に規定する推進委員としての遵守事項を守らせることや、推進委員にその活動区域を守らせたり、遵守事項に違反する活動をしたりしないよう、推進委員に対し指導を行うことができることとされています。

　公安委員会の指導の方法としては、規則8条の講習の機会をとらえたり、パンフレットを配布するなどして、全推進委員を対象として一般的な指導を行うほか、個々の推進委員に対して個別に指導することも考えられます。

　なお、平素の指導は、所轄警察署を通じて受けることになります。

10 解嘱

(1) 解嘱の要件

法第108条の29

1～4　略

5　公安委員会は、地域交通安全活動推進委員が次のいずれかに該当するときは、これを解嘱することができる。

一　第1項各号のいずれかの要件を欠くに至つたとき。

二　職務上の義務に違反し、又はその職務を怠つたとき。

三　地域交通安全活動推進委員たるにふさわしくない非行のあつたとき。

6　略

　委嘱時には推進委員として申し分のない人であっても、その後の状況により、推進委員としての適格性に欠けるような事態になることも考えられます。このような事態に対処するため、公安委員会は、推進委員が解嘱の事由に該当することとなった場合には、その任期が終了するまで待つことなく、その推進委員を解嘱することができることにしました。

　第1号の「第1項各号のいずれかの要件を欠くに至つたとき」とは、3‐(1)で説明した委嘱の要件を満たさなくなったときのことです。

　第2号の「職務上の義務に違反し、又はその職務を怠つたとき」とは、法第108条の29第3項、規則第5条等に規定される職務上の義務に違反し、又は正当な理由がなく、法第108条の29第2項に規定する推進委員の活動を行うことを怠ったときのことです。

　第3号の「地域交通安全活動推進委員たるにふさわしくない非行のあつたとき」とは、推進委員としてふさわしくない刑罰法令に触れるような行為や反社会的・反道徳的な行為をしたときのことです。例えば、推進委員の地位を利用して不正な行為を行ったり、飲酒運転による交通事故を引き起こすなど交通の安全と円滑に資するための活動を行う立場にふさわしくない道路交通関係法令違反を行う場合のほか、推進委員としての社会的地位を辱めるような罪を犯した場合や反社会的・反道徳的な行為をした場合がこれに当たります。

⑵　解嘱の手続

規則第10条　公安委員会は、法第108条の29第５項の規定により推進委員を解嘱しようとするときは、当該推進委員に対し、あらかじめ、その理由を通知して、弁明の機会を与えなければならない。ただし、当該推進委員の所在が不明であるため通知をすることができないときは、この限りでない。

　推進委員を解嘱されることは、本人にとって重大な不利益と考えられますので、公安委員会が一方的に解嘱をすることは妥当ではないと考えられます。そこで、推進委員を解嘱する場合には、推進委員の所在が不明の場合を除き、あらかじめ理由を通知して、当該推進委員に弁明の機会を与えなければならないことにしました。

　推進委員を解嘱しようとする場合の通知は、解嘱の理由のほか、弁明を聴くための期日及び場所を記載した文書により行われます。この通知により、弁明の機会を与えたにもかかわらず、正当な理由がなく期日までに弁明を行わないときは、弁明を聴かないで、解嘱することができると解されます。

　なお、推進委員を解嘱した場合には、辞令等の書面を交付するとともに、関係地域の住民の利便を考慮し、速やかに、当該推進委員の氏名及び活動区域並びに解嘱した日について、規則第１条第２項に準じた措置を採ることになっています。

11　協議会

法第108条の30　地域交通安全活動推進委員は、公安委員会が定める区域ごとに、地域交通安全活動推進委員協議会を組織するものとする。
２～４　略

⑴　**趣旨**

　推進委員がその活動を効率よく行い、推進委員制度が本来の効果を十分に発揮するためには、推進委員が相互に連携して、組織的に、また、所轄警察署や関係団体等と連携及び調整を行いながら活動することが必要であると考えられます。そこで、こうした連絡調整等の事務を行わせるため、一定の区域ごとに、推進委員を構成員とする協議会を設けることにしました。協議会の具体的な運営等については、

第2章で説明することにします。

⑵　法的性格

　協議会は、推進委員を社員として組織される社団ですが、法において特別に人格（法人格）を付与されていませんので、いわゆる「権利能力のない社団」であると考えられます。なお、この規定は、適切な形で法人格を取得することを禁止しているものではありません。

12　都道府県交通安全活動推進センター

法第108条の31

　1　略

　2　都道府県センターは、当該都道府県の区域において、次に掲げる事業を行うものとする。

　一〜十　略

　十一　地域交通安全活動推進委員に対する研修を行うこと。

　十二　地域交通安全活動推進委員協議会の事務について連絡調整を行う等その任務の遂行を助けること。

　十三　略

　3〜8　略

⑴　趣旨

　公安委員会が委嘱に際して行う講習のほかに、随時、推進委員に対して研修が行われることになれば、推進委員が適正かつ効果的に活動を行う上で効果的であると考えられます。また、協議会は原則として警察署単位で組織されるので、その相互の連絡調整を行うなど協議会の任務の遂行を助ける組織があることが望ましいと考えられます。そこで、「都道府県交通安全活動推進センター」（以下「都道府県センター」と略称します。）にこれらの事業を行わせることにしたものです。

　現在、都道府県センターとしては、都道府県の各交通安全協会（連合会）がその指定を受けています。

　都道府県の各交通安全協会（連合会）は、従来より交通の安全と円滑に資するための諸活動を行っており、豊富な経験を持っているところから、都道府県センター

として指定されているものです。

(2) **業務**

　第11号の推進委員に対する研修は、都道府県の実情と必要に応じて、随時、行われることになります。研修を受ける推進委員の人選等は、都道府県センターが協議会と連絡を取りながら決めることになります。

　第12号の協議会に対する支援は、各都道府県の実情や、協議会の活動状況に応じて行われることになります。

第2章　活動要領

はじめに

　推進委員の活動は、広く「地域における交通の安全と円滑に資するための活動」に及びます。これは、具体的な現象に則していうならば、

　○　交通事故防止に資するための活動

　○　交通渋滞防止に資するための活動

ということになります。

　平成2年の推進委員制度発足時の法においては、この活動の例示として、特に、「道路における適正な車両の駐車及び道路の使用の方法について住民の理解を深めるための運動の推進」が明示されました。これは、その当時、交通事故と渋滞を防止するため、道路における適正な駐車及び道路の使用を実現することが重要であると認識されたためです。

　平成9年の法改正においては、推進委員の活動の例示として、「適正な交通の方法及び交通事故防止について住民の理解を深めるための住民に対する交通安全教育」が追加して明示されました。これは、今後一層増加が懸念される高齢者等の交通事故の防止を図るために、住民に対する交通安全教育が重要であると認識されたこと、推進委員を地域における交通安全教育の担い手として明確に位置付けることが必要であると考えられたことからです。

　また、平成19年の法改正においては、推進委員の活動の例示として、「自転車の適正な通行の方法について住民の理解を深めるための運動の推進」が追加して明示されました。これは、自転車が関係する交通事故が増加傾向にあったほか、歩道を無秩序に走行している状況がみられたことなどから、自転車の交通秩序を整序化

し、自転車の安全利用を促進するためには、警察による街頭指導等のほか、推進委員についても自転車の適正な通行についての啓発活動を行うことにより、自転車の適正な通行の方法について住民の理解を深めることができ、自転車利用者による交通事故を防止するとともに、そのルールの遵守及びマナーの向上に資すると考えられたことからです。

さらに、平成21年の法改正においては、推進委員の活動の例示として、「高齢者、障害者その他その通行に支障のある者の通行の安全を確保するための方法について住民の理解を深めるための運動の推進」が追加して明示されました。これは、高齢化の進展やバリアフリー化の推進等に鑑み、高齢者等の通行の安全を確保するためには、周囲の者の配慮等が必要であり、今後は、地域社会の理解と協力を得るための各種取組を推進することが重要であると考えられたことからです。

このように、推進委員は、「地域における交通の安全と円滑に資するための活動」として、「交通安全教育」、「広報・啓発」、「協力要請」、「相談」、「協力援助」、「実地調査」等の活動を広く行うことが期待されています。

もっとも、1人の推進委員があらゆる活動をすべて行うことはできませんので、推進委員は公安委員会の定める区域ごとに協議会を組織し、全体としてその地域の交通事故防止や渋滞防止が実現するよう、その活動内容を調整し合うものとされています。

この章では、法及び規則を中心に、推進委員の活動の内容と、協議会の運営について説明します。

第1節　推進委員の活動

1　活動内容

法第108条の29

1　略
2　地域交通安全活動推進委員は、次に掲げる活動を行う。
　一　適正な交通の方法及び交通事故防止について住民の理解を深めるための住民に対する交通安全教育

二　高齢者、障害者その他その通行に支障のある者の通行の安全を確保する
　　ための方法について住民の理解を深めるための運動の推進

三　道路における適正な車両の駐車及び道路の使用の方法について住民の理
　　解を深めるための運動の推進

四　特定小型原動機付自転車又は自転車の適正な通行の方法について住民の
　　理解を深めるための運動の推進

五　前各号に掲げるもののほか、地域における交通の安全と円滑に資するた
　　めの活動で国家公安委員会規則で定めるもの

3〜6　略

規則第4条　法第108条の29第2項第5号の国家公安委員会規則で定める活動
　　は、次のとおりとする。

一　地域における交通の安全と円滑に資する事項について広報及び啓発をす
　　る活動（同項第2号から第4号までに掲げるものを除く。）

二　地域において活動する団体又は個人に対し、地域における交通の安全と
　　円滑に資するための協力を要請する活動

三　地域における交通の安全と円滑に関する事項について、住民からの相談
　　に応じ、必要な助言その他の援助を行う活動

四　地域における交通の安全と円滑に資するための活動に協力し、又はその
　　活動を援助する活動

五　前各号又は法第108条の29第2項第1号から第4号までに掲げる活動を
　　行うため必要な範囲において、地域における交通の状況について実地に調
　　査する活動

　推進委員の活動については、法第108条の29第2項及び規則第4条に規定されて
います。それぞれ具体的にどのような活動を行うのか、一つずつ見ていきましょ
う。

(1)　交通安全教育活動

ア　活動内容

　推進委員は、適正な交通の方法及び交通事故防止について住民の理解を深めるた
めの住民に対する交通安全教育を行います（法第108条の29第2項第1号）。

　この交通安全教育は、地域住民の交通安全に対する意識を向上させることの重要

性に鑑み、行動範囲が比較的地域内に限定されている地域内の高齢者、幼児・児童及びその保護者を対象として実施することが適切であると考えられます。

具体的な交通安全教育活動としては、次のような活動が考えられます。

(ア) 自ら講師として交通安全教育を行う場合

○ 老人クラブの定例会等に出向いて、次のような事項について交通安全教育を行う。
  ・身近な交通事故の多発箇所
  ・歩行中の事故防止

○ 町内会等に出向いて、幼児・児童の保護者に対し、次のような事項について交通安全教育を行う。
  ・子供と一緒に道路を通行する際に注意すべき事項
  ・子供に対して保護者が交通安全に関して指導することの重要性
  ・家庭における具体的指導要領

○ 警察、交通安全協会等が実施する交通安全教育に参加し、地域において道路を安全に通行するために留意すべき事項等を指導する。

(イ) 交通安全教育の場を設定し、交通安全教育自体は他の者に講師を依頼して行う場合

○ 自ら交通安全教育の場を主宰し又は斡旋するなどして、交通安全教育の場を設定し、警察、都道府県センター等から講師を招き、交通安全教育を実施する。

具体的活動例

○ 老人クラブ会員に対する交通安全教育を自ら企画して、公民館において実施する。

○ 高齢者の交通安全教育の推進のため、地区老人クラブの定期総会や地区活動の場を捉え、反射材の着用促進等ワンポイントアドバイスを実施する。

○ 地域の子供会行事を把握し、この機会を捉えて警察、交通安全協会が実施する自転車教室の補助をする。

○ 地域内における公民館活動において、交通安全教育と連動できる行事を把握し、所轄警察署の担当者とともに、推進委員の交通安全教育の年間計画を策定する。

○　高齢者の自転車乗用時の交通事故が多発していることから、自転車が守るべき基本的な交通ルールに関する交通安全教育を実施した。

○　小学生高学年を対象に、自転車の点検要領や安全な乗り方に関して、模擬道路を設定して個別に実車指導を行う交通安全教育を実施した。

○　地域の実態に応じて、警察、センター、市町村等と連携して、次のような参加・体験・実践型の交通安全教育を実施した。

・反射材の効果を確認する夜間の交通安全教室

・飲酒運転を疑似体験するためのゴーグルを活用しての運転者教室

・歩行者横断トレーナーや高齢歩行者教育システム等を活用した交通安全教室

・チャイルドシートの正しい取付方法の講習会

○　小学校や保育園、あるいは高齢者施設等において、交通マジック、交通安全クイズ、交通安全体操、寸劇等を交えた交通安全教育を実施した。

○　電動車いすの安全利用講習会を実施した。

○　高齢者による夜間の交通事故防止を目的として、夜間に車両のライト（上向き・下向き）による見え方の違い、反射材用品の効果等を体験してもらう参加・体験型の交通安全教室を開催した。

イ　留意事項

　推進委員は、国家公安委員会が作成する「交通安全教育に関する指針」（以下「交通安全教育指針」と略称します。）に従って交通安全教育を行わなければなりません（法第108条の29第3項）。

　このため、交通安全教育指針に従って交通安全教育を行うことができるよう平素から交通安全教育指針に対する理解を深め、これを活用し、地域の住民に対して、効果的かつ適切な交通安全教育を行うように努めなければなりません。

　推進委員の行う交通安全教育においては、交通安全教育指針に示された、歩行者や運転者が道路を安全に通行するために必要な事項を網羅的に教育する必要はなく、地域の実情に応じて、住民が安全に道路を通行するために知っておく必要のある事項を選択的に取り上げて実施すれば足ります。

(2)　**高齢者、障害者その他その通行に支障のある者の通行の安全を確保するための**

方法について住民の理解を深めるための運動の推進

ア　活動内容

　推進委員は、高齢者や障害者その他その通行に支障のある者の通行の安全を確保するための方法について住民の理解を深めるための運動の推進を行います（法第108条の29第2項第2号）。

　具体的な活動は、街頭での啓発活動が中心となると思われますが、高齢者等の通行の安全を確保するためには、高齢者等自身の安全行動に加え、周囲の者が高齢者等に対して配慮をすることも必要であり、今後は、高齢者等の通行の安全を確保するための啓発を行うなど、地域住民の理解と協力が得られるような取組みを推進することが重要となってきます。

具体的活動例

○　高齢者や障害者が、歩行者として又は自転車や電動車椅子等を利用して道路を通行している場合に、周囲の者が進路を譲る等の配慮についての啓発活動

○　高齢運転者標識、障害者標識又は聴覚障害者標識を表示する自動車に対する保護や配慮についての啓発活動

○　高齢運転者等専用駐車区間制度の周知を図るとともに、他の一般ドライバーが車両を駐車しないようにするためのモラル向上についての啓発活動

活動事例紹介

○　高齢者や障害者が頻繁に通行する病院及び福祉施設の周辺において、高齢者や障害者が安全に歩行できるように誘導するとともに、他の歩行者、通行車両に対して、進路を譲る等の配慮を呼び掛ける啓発活動を行った。

○　高齢運転者等専用駐車区間に他の一般車両が駐車しないようにするため、高齢運転者等専用駐車区間が設置されている付近において、制度の内容を記載したチラシを配布した。

○　高齢運転者標識、障害者標識、聴覚障害者標識を表示している自動車に対しては、危険防止のためやむを得ない場合を除き、幅寄せや必要な車間距離が保てなくなるような進路変更をしてはならず、違反した場合は、罰則（反則金）と行政処分（違反点1点）があることを記載したチラシを配布しながら、高齢運転者等の保護を呼び掛ける啓発活動を行った。

イ　留意事項

　住民に対する交通安全教育や自転車の適正な通行に関する啓発活動等に併せて、高齢者等の通行の安全を確保するための啓発活動についても積極的に行うことが重要です。

⑶　**道路における適正な車両の駐車及び道路の使用の方法について住民の理解を深めるための運動の推進**

ア　活動内容

　推進委員は、道路における適正な車両の駐車及び道路の使用の方法について住民の理解を深めるための運動の推進を行います（法第108条の29第２項第３号）。

　具体的な活動は、広報啓発活動が中心になると思われますが、ここでは特に、駐車及び道路使用の適正化というテーマ実現に向けた活動、意見交換や賛同者の募集、関係者の組織化といった作業を含め、ひとまとまりの「運動」としてとらえ、独立した項目として取り上げているものです。

　具体的な活動としては、例えば、次のようなものが考えられます。

○　違法駐車追放キャンペーンの年間実施計画を立て、賛同者を募って実施するなど、駐車問題等に関する住民運動の盛り上げを図る活動

○　通学路の途中にある地域住民の放置車両によって、児童の歩行に危険があること等、地域の具体的な交通の状況を調査し、関係者による改善計画の検討を行い、駐車対策等の必要性について理解を深めるための広報啓発を推進するなどの活動

○　駐車場関係者の協力を得て、駐車場案内パンフレットを作成、配布するなど、適正な車両の駐車に資するための情報を提供する活動

（具体的活動例）

○　観光地における違法駐車防止のため、駐車場マップを作成配布する。

○　自治体の協力を得て、広報車を活用した違法駐車追放キャンペーンを実施する。

○　繁華街等の違法駐車車両に注意書等を貼付するとともに、チラシ配布による違法駐車防止活動を実施する。

○　消防と合同による違法駐車追放キャンペーンを実施し、違法駐車により消防車や救急車が通れない場合の危険性を住民に呼び掛けた。

○　定期的、継続的な違法駐車追放活動の推進を図るために、自治会や防犯ボランティア等と連携し、違法駐車防止の呼び掛けと併せて次のような活動を実施した。

・自転車の駐輪方法の指導

・道路上に物を置く、道路不正使用への指導

○　夜間の青空駐車の一掃運動、団地周辺の違法駐車追放運動などを実施した。

イ　留意事項

　道路における駐車及び道路使用の適正化は、一過性の運動ではなかなか実現困難であるので、粘り強く取り組む必要があります。

　また、運動の効果を上げるためには、できるだけ幅広い関係者を結集して取り組む必要があります。

(4)　特定小型原動機付自転車又は自転車の適正な通行の方法について住民の理解を深めるための運動の推進

ア　活動内容

　推進委員は、特定小型原動機付自転車又は自転車の適正な通行の方法について住民の理解を深めるための運動の推進を行います（法第108条の29第2項第4号）。

　具体的な活動は、街頭指導や広報啓発活動が中心となると思われますが、特定小型原動機付自転車等の交通秩序を整序化し、特定小型原動機付自転車等の安全利用を促進するためには、特定小型原動機付自転車等の利用者による通行ルールやマナー違反に対する街頭指導のほか、適正な通行方法についての広報啓発活動を積極的に取り組む必要があります。

　具体的な活動としては、例えば、次のようなものが考えられます。

○　特定小型原動機付自転車等の通行ルール及び安全な通行等に関するチラシを配布するなど、特定小型原動機付自転車等利用者に対して通行ルールの周知を図る活動

○　特定小型原動機付自転車等利用者に対するルール遵守の徹底を図るための街頭指導啓発活動

具体的活動例

○　自転車通学の中・高校生に対し、自転車の通行ルール等の周知を図るためのチラシを配布する。
○　地元警察署の警察官と連携し、特定小型原動機付自転車等利用者に対する街頭指導を実施する。

活動事例紹介

○　自転車安全利用啓発キャンペーンを実施し、自転車を利用する中・高校生等にチラシを配布しながら、自転車の安全利用を呼び掛けた。
○　警察、市町村等と連携して、特定小型原動機付自転車等マナーアップ作戦を実施し、特定小型原動機付自転車等利用者に対して通行ルール遵守を呼び掛ける啓発活動を行った。
○　事故多発交差点において、特定小型原動機付自転車等利用者に交通安全チラシや反射材を配布しながら事故防止を呼び掛ける啓発活動を実施した。
○　ショッピングセンターを訪れた地域住民に対し、自転車の安全利用を促進するため、「自転車安全利用五則」を記載したチラシを配布した。
○　街頭の特定小型原動機付自転車等利用者に対し、ヘルメットの着用を呼び掛ける啓発活動を実施した。

イ　留意事項

　推進委員は、特定小型原動機付自転車等の適正な通行についての街頭指導や広報啓発活動が効果的かつ適切に行うことができるよう、平素から特定小型原動機付自転車等の交通関係法令について理解を深めておくことが重要です。

(5)　**地域における交通の安全と円滑に資する事項について広報及び啓発をする活動**

ア　活動内容

　推進委員は、地域における交通の安全と円滑に資する事項について広報及び啓発をする活動（法第108条の29第2項第2号から第4号に掲げるものを除く。）を行います（規則第4条第1号）。

　交通の安全と円滑に資するための「広報啓発活動」のうち、(2)に含まれる高齢者や障害者その他その通行に支障のある者の通行の安全を確保するための方法について住民の理解を得るためのもの、(3)に含まれる車両の駐車や道路の使用の方法について住民の理解を得るためのもの及び(4)に含まれる特定小型原動機付自転車又は自転車の適正な通行の方法について住民の理解を得るためのものは、ここでは除かれており、それ以外のものがここに含まれます。

　具体的な広報啓発活動としては、例えば、次のような活動が考えられます。

○　飲酒運転等、悪質危険な運転の追放を呼び掛ける活動

○　暴走族追放等交通問題に関する住民運動の盛り上げを図る活動

○　高齢歩行者の夜間事故が多発していること等、地域の具体的な交通の状況を踏まえて、交通対策の必要性について理解を深めるための活動

○　商店街や観光地における各種交通安全の情報を提供する活動

○　後部座席を含めた全ての座席のシートベルトの着用促進を図る活動

○　チャイルドシートの普及と正しい使用についての啓発を図る活動

具体的活動例

○　老人クラブ未加入者に対する訪問指導を実施する。

○　病院等を訪問して、高齢者に対し、交通事故防止用パンフレットを配布する。

○　春、秋の全国交通安全運動において、交通事故防止の街頭キャンペーンを実施する。

○　二輪車利用者に対しチラシの配布等により交通安全意識の高揚を図る。

○　シートベルト着用の街頭キャンペーンを実施する。

○　チャイルドシートのレンタル事業、リサイクル活動等の情報を提供するとともにチャイルドシートの使用効果と正しい使用方法等についての普及啓発を図る。

```
┌─────────── 活動事例紹介 ───────────┐
│ ○　飲食店を訪問して、飲酒運転追放の協力依頼をした。                 │
│ ○　教職員と連携し、通学路における街頭指導を実施した。               │
│ ○　コミュニティバスをラッピングして、通行車両に対し、交通安全啓発活 │
│ 　　動を実施した。                                                  │
│ ○　酒類販売店及び飲食店に対し、「飲酒運転根絶」のメッセージが記載さ │
│ 　　れたボトルネックタグを配布し、利用客への広報活動を依頼した。     │
└──────────────────────────────────┘
```

イ　留意事項

　広報啓発活動は、ややもすれば、単に作られたパンフレットを配布したり、ポスターを掲示して終わりということになりかねません。形式的な活動に流れることなく、地域の交通状況に応じた事項を取り上げて、独自に配布物を作成するなど創意工夫を凝らした方法で広報啓発活動を行う必要があります。

　なお、規則第5条第1項の活動上の注意との関係では、例えば、次のような行為は、広報啓発活動によって他人の権利及び自由を害することになると考えられます。

　・　交通安全に関するパンフレットの受け取りを拒否した者に無理強いをしてこれを受け取らせること。

　・　特定の人の社会的な地位を損なうような内容のポスターを掲示すること。

(6)　**地域において活動する団体又は個人に対し、地域における交通の安全と円滑に資するための協力を要請する活動**

ア　活動内容

　推進委員は、地域において活動する団体又は個人に対して、地域における交通の安全と円滑に資するための協力を要請する活動を行います（規則第4条第2号）。

　「地域における交通の安全と円滑に資するための協力」としては、交通の安全と円滑に障害を及ぼすおそれがある事情を解消するための措置を講じてもらうことの

ような消極目的の事項と、交通安全運動に積極的に取り組んでもらうことのような積極目的の事項との両方が考えられます。

具体的な協力要請活動としては、例えば、次のような活動が考えられます。

○　各種行事主催者に対し、臨時駐車場の設置、案内板の設置、自動車利用の自粛推進等の自主的な交通対策を講ずるよう働き掛けること。

○　大型ビルの建築等に際し、関係者に対して自主的に交通安全対策上の措置を講ずるよう働き掛けること。

○　貨物搬入は混雑時間帯を避けること、店頭に駐車場案内板を設けること等、企業、商店等に対して自主的交通安全対策を講ずるよう働き掛けること。

○　自治会の活動テーマとして駐車問題等の交通問題を取り上げ、これに取り組むよう働き掛けること。

具体的活動例

○　駐車場不足を解消させるため、公共用地、私有地等を駐車場に整備してくれるよう管理者に要請したところ、駐車場が整備された。

○　スーパーマーケットの荷捌き車両が、一部道路にはみ出し、危険であるとの地域住民の要望を受けた推進委員が、店の経営者に解消方策を粘り強く働き掛けた結果、荷捌場の改修工事が行われた。

○　違法駐車の苦情の多い商店街において、商店会として自主的な違法駐車防止対策を講ずるよう働き掛けた。

○　各学区連合町内会長に、区域での駐車場確保対策と、積極的な迷惑駐車追放運動を要請した。

活動事例紹介

○　買物時の交通事故が多発していたことから、地域のスーパーマーケットに協力を依頼し、交通安全啓発に関するチラシの掲示と店内放送を実施した。

イ　留意事項

協力要請は、これに伴い相手方に経済的負担を負わせることになる場合が多いと考えられますので、その内容が社会の一員として当然負うべき義務であるか、専ら相手方の好意によって行われるものであるかを踏まえて、要請の方法を工夫するなどして相手方の納得を得ながら協力要請を行う必要があります。

(7) **地域における交通の安全と円滑に関する事項について、住民からの相談に応じ、必要な助言その他の援助を行う活動**

ア　活動内容

推進委員は、地域における交通の安全と円滑に関する事項について、住民からの相談に応じ、必要な助言をするなどの援助を行う活動を行います（規則第4条第3号）。

相談活動の対象となる事項としては、違法駐車問題や不適正な道路使用のほか、暴走族の騒音問題、交通上危険な場所の問題等、交通の安全と円滑に関係する事項全般が含まれます。

「その他の援助」とありますが、これは推進委員として可能な範囲内での援助であり、例えば、交通問題の解決に関するパンフレット等があればこれを相談者に交付したり、相談者の希望に応じて警察署との連絡を取ったりすること等が考えられます。

具体的な相談活動としては、例えば、次のようなものが考えられます。

○　地域における交通規制、信号機の設置等に関して、住民の相談に応じること。

○　地域における迷惑駐車等の問題に対して、電話等を通じて相談に応じること。

具体的活動例

○　地元住民等から地域の危険箇所に対する信号機、カーブミラー等設置の相談を受け、市と警察署に対する働き掛けにより、その設置を実現するなど交通問題を解決した。

○　交通安全運動期間中に、「交通相談コーナー」を設置し、住民から要望等を聴取する。

○　町内会単位で開催される「交通懇談会」に推進委員が出席して、住民の意見、要望等の相談に応じる。

○　ごみ出しのため横断していた高齢者がはねられ死亡する事故を受け、地元住民から相談を受けた推進委員が町内会、市に働き掛けた結果、道路を横断しなくてすむようごみステーションが移設された。

イ　留意事項

　相談活動の対象となる住民は、推進委員の活動区域に居住する住民が中心となると考えられますが、関係地域における交通の安全と円滑に関係する場合には、活動区域外に居住する住民からの相談にも応じることができます。

　相談された内容が、推進委員の活動区域外の問題である場合であっても、相談に応じないということではなく、可能な助言をしたり、速やかに関係する協議会の推進委員に引継ぎを行うなど、適切な対応に努めましょう。また、暴走族少年の保護者からの非行一般に関する相談等、交通の安全と円滑と直接関係がないと考えられる相談についても、関係ボランティアや関係行政機関を紹介するなど、適切な応接に努めてください。

　相談の内容によっては、警察等の行政機関等による対応が必要と認められる場合もあります。このような場合は、無理をして自分だけで解決しようとはしないで、所轄警察署の担当部門を紹介したり、相手方の承諾を得て、所轄警察署に相談を引き継ぐようにしてください。

　規則第5条第1項の活動上の注意との関係では、例えば、次のような行為は、他人の権利及び自由を害することになると考えられます。

　　○　相談に関して知り得た他人の秘密を正当な理由なく他人に漏らすこと。

　　○　相談者の求めに応じて路上に違法に駐車する車両を勝手に移動すること。

⑻　**地域における交通の安全と円滑に資するための活動に協力し、又はその活動を援助する活動**

ア　活動内容

　推進委員は、地域における交通の安全と円滑に資するための活動に協力したり、そのような活動を援助する活動を行います（規則第4条第4号）。

　この活動は、交通安全運動等に協力したり、商店会、自治会等の自主的な交通安全対策に協力したりするような活動です。

推進委員自身が主体となって交通安全運動を推進するような場合には「広報啓発活動」となりますし、自治会や町内会に交通安全に関する活動を行うように働き掛ける場合には「協力要請活動」に該当します。「協力援助活動」とこれらの活動との違いは、協力援助活動の場合には、交通の安全と円滑に資するための活動を行っている主体が他にあるという点です。

　「協力援助」の対象となる活動には、民間ベースの活動も、警察機関等が関与する活動も含まれます。

　もちろん、推進委員として可能な範囲内での協力援助をすれば十分です。

　具体的な協力援助活動としては、例えば、次のようなものが考えられます。

○　地域の交通安全運動に協力すること。

○　商店会、自治会等の自主的な交通対策に協力すること。

具体的活動例

○　市主催のマラソン大会、交通安全フェア開催に伴い、駐車車両の誘導を実施する。

○　祭りの開催に伴い、自治会との検討会を開催し、現場点検と助言を実施。

○　駐車苦情の多い団地等を重点に、警察官とともに、団地住民に対し違法駐車の防止を呼び掛ける。

○　各自治体が行う放置自転車の撤去活動等に協力する。

活動事例紹介

○　新入学児童・園児を交通事故から守ろうキャンペーンに協力し、通学時の誘導活動に従事した。

○　生徒会、学生会が主催する自転車街頭指導に協力し、生徒等に対して指導及び車両点検を行った。

イ　留意事項

　協力援助活動は、他の活動主体の活動を支援することにより、地域全体における交通の安全と円滑に資する活動を高めようとするものです。したがって、推進委員による協力援助が他の活動主体の当該地域における活動を活性化させることになる

かどうか、その効果を念頭におきながら協力援助活動を行うことが重要です。

(9) 地域における交通の状況について実地に調査する活動

ア 活動内容

推進委員は、(1)〜(8)までの活動を行うため必要な範囲において、実地に調査する活動を行います（規則第4条第5号）。

この活動は、法第108条の29第2項第1号から第4号まで並びに規則第4条第1号から第4号までの活動に伴う「実地調査活動」を推進委員の活動内容としたもので、それぞれの活動を行うための手段としての意味があります。

「実地に調査する」とは、資料等からの調査ではなく、街頭等に出て調査するという意味です。

具体的な実地調査活動を行う場合としては、例えば、次のような場合が考えられます。

○ 相談者に適切な助言をするため、実態について必要な調査をすること。

○ 地域の実情に応じた交通安全教育や広報啓発活動をするため、地域の交通上の問題点について調査すること。

具体的活動例

○ 新入学園児・児童を交通事故から守るため、自治体、PTA、教員等と協力して通学路の危険箇所を調査する。

○ 老人クラブを対象とした地区活動で交通危険箇所を調査し、ヒヤリ地図を作成する。

○ シートベルトの着用率を調査し、広報誌等を利用して、シートベルトの着用を呼び掛ける。

○　警察署員、道路管理者とともに交通事故危険箇所を実査し、交通規制及び道路改良等の対策を講じた。

○　チャイルドシートの着装調査を実施するとともに、その結果を踏まえチャイルドシートの着装を呼び掛けた。

イ　留意事項

第1章で説明したように、推進委員には、調査活動をするための特別の権限は与えられていないので、他人の敷地に立ち入って調査する必要があるような場合には、当然に、その管理者の承諾が必要です。

規則第5条第1項の活動上の注意との関係では、例えば、次のような行為は、他人の権利及び自由を害することになります。

○　実地調査のためにみだりに他人の敷地内に入り込むこと。

○　立入りについて承諾を与えない管理者に対して不当な圧力をかけること。

⑽　**付随的活動**

推進委員の活動は、法及び規則に掲げられているとおりですが、これらの活動を円滑に行うための付随的な活動は、特別の規定を要せず、法及び規則に掲げられた各活動の一環として又はこれらの活動を支えるための活動として当然に行うことができます。

例えば、次のようなものが考えられます。

○　地域住民の要望を把握するためのアンケート調査

○　推進委員の活動を紹介し、市民の協力を得るための「推進委員だより」の発行

2　活動方法

⑴　**人数**

推進委員の活動は、単独で行っても、複数の推進委員が共同して行っても構いません。単独で行うことが効果的な場合もあれば、集団で活動した方が効果的な場合もあると考えられます。

一般的には、春・秋等に行われる交通安全運動に対する協力等、協議会で定めら

れた活動方針に基づき、推進委員全体で取り組む場合のほかは、地域の実情に応じ、単独で、あるいは少数の推進委員が共同して、日常的な活動を行うことになるものと考えられます。

なお、協力要請活動のうち、違法行為を防止するため必要な措置を講ずることを内容とするような活動を推進委員が単独で行うことは、様々なトラブルの元になると考えられます。そこで、このような活動を行うような場合には、原則として、複数の推進委員が共同して行うようにしてください。

(2) 活動の基準

月に何回くらい推進委員として活動する必要があるのか、あるいは、1回当たり何時間くらい活動する必要があるのかについては、法や規則には特に決まりはありません。

このような事柄について連絡調整を図り、活動の基準についての方針を定め、推進委員の活動に不均衡が生じないようにするのが協議会の役目です。所轄警察署の指導を受けながら、協議会でよく相談をして決めてください。

(3) 担当事項等

推進委員は、協議会の担当区域の全域について、推進委員としてのすべての活動を行うことができます。しかし、場合によっては、任務を分担したり、各推進委員が重点的に活動する地区を定めたりすることが、適正かつ効果的な活動に資することもあると考えられます。

このような各推進委員の担当事務や担当地区を調整するのも、各協議会の役目です。所轄警察署の指導を受けながら、協議会でよく相談をして、各推進委員の活動の効果が活動区域全体にバランスよく及ぶように、これらを決めてください。

(4) 活動の記録

推進委員としての活動状況を記録しておくことは、活動の問題点や地域における交通問題を把握し、活動内容の改善や活動方針の策定、公安委員会への意見の申出等に役に立つと考えられます。また、公安委員会が、指導の一環として、各推進委員に対し、活動状況の報告を求めることもあります。そこで、推進委員としての活動を行った場合には、できるだけその状況を記録し、協議会で保存しておくようにしてください。

特に、協力要請活動や相談活動の場合には、処理のてん末を明らかにしておくことによって、後日、無用の紛議を避けることができる場合がありますので、努めて

記録するようにしてください。定められた様式があるわけではありませんが、別記第1の例を参考にしてください。

別記第1 活動記録の例

その1 協力要請活動

協 力 要 請 活 動 記 録 簿

記録年月日 　　　　年　　　月　　　日
記録担当者

要 請 の 日 時		
要 請 の 場 所		
担 当 推 進 委 員		
被 要 請 者	住　　　　所	
	氏名又は名称	
要 請 の 方 法	文書　口頭(電話・面接)　その他(　　　　　　　　　)	
要 請 の 内 容		
要 請 の 状 況		
要 請 の 結 果		
特 記 事 項		

(注) 所定の欄に記載しきれないときは、別紙に記載の上、これを添付する。

その2　相談活動

<table>
<tr><td colspan="3">相　談　活　動　記　録　簿

記録年月日　　　　　　年　　月　　日
記録担当者</td></tr>
<tr><td>相 談 の 日 時</td><td colspan="2"></td></tr>
<tr><td>相 談 の 場 所</td><td colspan="2"></td></tr>
<tr><td>担 当 推 進 委 員</td><td colspan="2"></td></tr>
<tr><td rowspan="2">相　談　者</td><td>住　　　所</td><td></td></tr>
<tr><td>氏　　　名</td><td></td></tr>
<tr><td>相 談 の 方 法</td><td colspan="2">電話　来訪　訪問　その他（　　　　　　）</td></tr>
<tr><td>相 談 の 内 容</td><td colspan="2"></td></tr>
<tr><td>助 言 等 の 内 容</td><td colspan="2"></td></tr>
<tr><td>結　　　果</td><td colspan="2"></td></tr>
<tr><td>特 記 事 項</td><td colspan="2"></td></tr>
</table>

（注）所定の欄に記載しきれないときは、別紙に記載の上、これを添付する。

第2節　協議会の運営

1　協議会の組織

⑴　構成員

　第1章の11で説明したように、協議会は、推進委員を構成員とします。⑶で説明するように、協議会に、顧問、相談役等推進委員以外の人を協議会の運営に参加させることはできますが、協議会の意思を決定することができるのは、あくまで推進委員としての身分を持った人だけです。

⑵　役員

規則第11条　地域交通安全活動推進委員協議会（以下「協議会」という。）に、会長1名及び幹事若干名を置く。

2　会長は、協議会の会務を取りまとめ、協議会を代表する。

3　幹事は、会長を助け、会長が欠けたとき又は会長に事故があるときは、あらかじめ会長が定める順位に従い、その職務を代行する。

4　会長及び幹事は、推進委員の互選とする。

5　会長及び幹事の任期は、1年とする。ただし、再任を妨げない。

ア　会長及び幹事の設置

　協議会の運営を円滑に行うためには、協議会の運営を取りまとめる人が必要です。このため、協議会に、役員として「会長」1名及び「幹事」若干名を置くことにしました（規則第11条第1項）。

　幹事の具体的な人数は、協議会において定めることになりますが、協議会を構成する推進委員の数に比較して著しく多いということになると、幹事を置くこととした意味がなくなりますので、所轄警察署とも相談をし、適正な数にする必要があるでしょう（会長及び幹事の合計数が、推進委員の総数のおおむね3分の1を超えないことを目安としてください。）。

　なお、規則上「副会長」という職は置かれていませんが、例えば、幹事のうち会長の職務を代行する順位が上位にある人を、便宜上協議会において「副会長」等と

呼称することとしても差し支えありません。

イ　職務

　会長の職務は、協議会の会務を取りまとめ、協議会を代表することです。

　「協議会の会務を取りまとめる」とは、内部的に、協議会の運営を統括することをいい、「協議会を代表する」とは、対外的に、協議会の代表者として意見を出したり受けたりすることをいいます。すなわち、会長は、協議会の最高責任者であるということになります。

　幹事の職務は、会長を助け、会長が欠けたとき又は会長に事故があるときに、あらかじめ会長が定める順位に従い、会長の職務を代行することです。

　「会長を助ける」とは、会長がその職務を行うに当たってこれを補佐するということであり、幹事が複数いる場合には、地域的又は事物的に、各幹事が担当する事務を明確に定め、実質的に会長を補佐することができるようにする必要があると考えられます。

　規則は、会長に万一のことがあった場合に、個々の職務の遂行についての会長の意思に関係なく、幹事に職務を代行させる場合を規定したものであり、幹事が、会長の個別の委任を受けて、会長の職務の一部を代行することを否定するものではありません。

ウ　選任

　会長及び幹事は、推進委員の互選によって選任されます。したがって、推進委員の身分を持たない人は、会長又は幹事になることはできません。また、会長及び幹事が解嘱その他の理由により推進委員としての身分を失ったときは、当然に、会長又は幹事の地位を失うものと解されます。

　規則には、選任の手続をはじめとして、協議会の議事に関する細かい手続は定められていませんが、これは、各協議会の定めるところに委ねる趣旨であると考えられますので、所轄警察署等と相談して、あらかじめ必要な内部規定を定めておくとよいでしょう。

　また、解任に関する規定も設けられていませんが、役員がその職を辞する場合のほか、選任と同様な手続（互選）により、これを解任することができると解されます（具体的な手続は、各協議会が定めることになります。）。

エ　任期

　会長及び幹事の任期は、1年であり、再任することができます。増員又は補欠に

より選任された役員についても、現任者又は前任者の任期とはかかわりなく、選任の時から1年です。

⑶ その他

　会長及び幹事以外に、協議会が、その定めるところにより、自主的に、関係行政機関の長、関係団体の長等を「顧問」、「相談役」等の名称で委嘱することもできると考えられますが、その協議会との関わり方等によっては、協議会を推進委員をもって組織させることとした法の趣旨に反するような事態が生ずるおそれもありますので、制度の在り方等について、事前に所轄警察署と十分相談するようにしてください。

2 協議会の事務

法第108条の30

1　略

2　地域交通安全活動推進委員協議会は、地域交通安全活動推進委員が前条第2項の活動を行う場合においてその活動の方針を定め、並びに地域交通安全活動推進委員相互の連絡及び調整を行うことその他地域交通安全活動推進委員が能率的にその任務を遂行するために必要な事項で国家公安委員会規則で定めるものを行う。

規則第12条　法第108条の30第2項の国家公安委員会規則で定める事項は、次のとおりとする。

一　推進委員の活動に関し、警察機関その他の関係行政機関、都道府県交通安全活動推進センターその他の関係団体及び他の協議会との連絡又は調整に当たること。

二　推進委員の活動に必要な資料及び情報を集めること。

三　推進委員の活動について広報宣伝をすること。

四　推進委員がその活動を行うに当たって使用する資器材を管理すること。

3・4　略

⑴ 概説

　協議会は、推進委員が能率的に任務を遂行するために置かれます。各推進委員

は、必ず一つの協議会に所属することになり、その協議会の下で、その協議会の担当区域内の地域について活動することになります。その意味で、協議会は、推進委員の活動のよりどころとなるものであり、協議会の活動は、推進委員の諸活動と密接不可分の関係にあります。

協議会の活動は、会長や幹事に選ばれた人だけが行うのではなく、すべての推進委員がこれに参画するようにしてください。

(2) 活動方針の設定

協議会は、推進委員の活動の方針を定めることとされています（法第108条の30第2項）。

推進委員は、個人で活動することも、複数で共同して活動することもありますが、統一した方針の下に相互の連絡調整を図りながら活動をしないと、相互の活動に矛盾が生じたり、無駄が生じるなど、十分な効果を挙げることができません。そこで、協議会が推進委員の活動方針を定めることにしたものです。

活動方針の定め方としては、例えば、

○　重点的に取り組むべき活動内容、活動地域等を定める。

○　月間、年間の活動の目標を定める。

ことが考えられます。

活動方針を定めるに当たっては、地域の実情を十分に踏まえる必要があります。また、管内の交通事故の発生状況等に応じた適切な活動方針を定めるため、所轄警察署とも緊密な連絡を取るようにしてください。

(3) 連絡調整

ア　推進委員相互の連絡調整

協議会は、推進委員相互の活動に関する連絡及び推進委員相互の活動の調整をすることとされています（法第108条の30第2項）。このような事務が必要とされる理由は、(2)で述べたとおりです。

推進委員相互の連絡を図る事務としては、例えば、各推進委員の活動状況等について連絡するような事務をいい、推進委員相互の調整を図る事務としては、例えば、推進委員が具体的に担当する事務の範囲等を定めるような事務をいいます。各推進委員が日常的に活動を行う担当地区を定めて、地域に密着した活動を行うことにすることも、効果的であると考えられますので、必要に応じ、担当地区制の導入を検討してください。

イ　関係機関・団体との連絡調整

　協議会は、推進委員の活動に関し、警察機関その他の関係行政機関、都道府県センターその他の関係団体及び他の協議会との連絡又は調整に当たることを事務とします（規則第12条第1号）。

　交通の安全と円滑の確保に関係する行政機関や、交通の安全と円滑に資するための活動を行う団体は、数多くあります。そこで、推進委員が円滑かつ効果的にその活動を行うことができるようにするため、これら関係行政機関と連絡を取ったり、関係団体と連絡調整を図ることを協議会の事務としたものです。

　具体的には、例えば、次の事務が考えられます。

○　警察機関との連絡会を開催する。

○　市町村の交通担当部局等に活動予定等を連絡する。

○　地区交通安全協会との合同会議を開催する。

○　共同で実施する行事について他の協議会と協議する。

○　都道府県センターとの間で研修を受けるべき推進委員の調整をする。

(4)　資料収集

　協議会は、推進委員の活動に必要な資料及び情報を集めることとされています（規則第12条第2号）。

　推進委員が適正かつ効果的にその活動を行うためには、道路交通に関する規定、交通情勢等についての正しい知識に基づく必要があります。そこで、関係機関、団体等から資料や情報を収集したり、推進委員が活動に関して把握した交通の状況に関する情報を集約したりすることを協議会の事務としたものです。

　もちろん、資料や情報は、収集するだけでは意味がありません。これらを基に活動方針を定めたり、推進委員が利用することができるようにするなどして、活用する必要があります。

(5)　広報宣伝

　協議会は、推進委員の活動について広報宣伝をすることとされています（規則第12条第3号）。

　推進委員がどのような活動を行い、どのような成果を挙げているのかを広報宣伝することは、推進委員の活動についての地域住民の理解を深め、その協力等を一層得やすくする効果があると考えられます。そこで、このような事務を協議会が行うことにしたものです。

具体的な広報宣伝の方法としては、例えば、次のような方法が考えられます。

○　推進委員の活動を宣伝するポスターを作成する。

○　広報誌を発行する。

⑹　資器材の管理

　協議会は、推進委員がその活動を行うに当たって使用する交通安全教育用の資器材、広報啓発活動用のビデオ機器等を管理することとされています（規則第12条第4号）。

　備品等については、台帳を作成して管理するとよいでしょう。

3　意見の申出

法第108条の30

1・2　略

3　地域交通安全活動推進委員協議会は、地域交通安全活動推進委員の活動に関し必要と認める意見を、公安委員会及び当該地域交通安全活動推進委員協議会に係る区域を管轄する警察署長に申し出ることができる。

4　略

規則第13条　法第108条の30第3項の規定による意見の申出は、文書をもってするものとする。

2　法第108条の30第3項の規定により公安委員会に意見を申し出る場合には、当該協議会に係る第1条第1項の区域を管轄する警察署長を経由してしなければならない。

⑴　趣旨

　推進委員が、講習や研修の内容など推進委員制度の運営についての改善意見を持つことがあると考えられます。また、地域に密着した活動を行う推進委員は、交通の安全と円滑の確保に関し、地域住民の関係行政機関に対する要望や意見を知ったり、また、自ら活動を行う中で、関係行政機関において必要な措置を講じた方がよいと感ずることもあると思われます。そこで、協議会に、このような推進委員の意見を集約して公安委員会や所轄警察署長に申し出る権能を付与することにしたものです。

公安委員会や所轄警察署長は、交通警察行政の運営に当たって、申出を受けた意見を参考とすることになります。

⑵　**内容**

協議会が申し出ることができる意見は、「推進委員の活動に関し必要と認める意見」です。これは、大きく分けて、次の二つがあります。

①　推進委員に対する講習や研修の内容、使用する資器材、推進委員の待遇その他の推進委員が適正かつ効果的にその活動を行うに当たって必要と認められる事項についての意見

②　推進委員がその活動を通じて把握した地域における交通の安全と円滑を確保する上で必要と認められる事項についての意見

②の意見は、もちろん、地域における交通の安全と円滑を確保するという公益増進のための意見である必要があり、特定の個人や企業、団体の利益のためだけの意見となることのないよう注意する必要があります。

また、協議会が申し出ることができる意見は、公安委員会や所轄警察署長が処理することができるような内容の意見でなくてはなりません。もっとも、警察以外の行政機関が行うべき仕事であっても、交通の安全と円滑を図る観点から必要な措置を講ずるよう関係行政機関に要請することは警察の役割ですから、そのような意見を公安委員会や所轄警察署長に申し出ることができます。

⑶　**手続**

ア　宛先

意見の申出は、公安委員会や所轄警察署長に対して行います。

所轄警察署長が処理することが適当と考えられる意見については所轄警察署長宛てに、これ以外の意見については公安委員会宛てに提出することになります。

イ　方法

意見の申出は、公安委員会に対する意見も、所轄警察署長に対する意見も、文書をもってすることとされています。文書の形式等については、所轄警察署の指導を受けていただくことになりますが、一般的には、別記第2のような様式を用いることになるものと考えられます。

また、公安委員会に対する意見の申出は、所轄警察署長を経由してすることとされています。

別記第2　意見の申出の文書

文　書　番　号
年　　月　　日

○○○公安委員会　殿
（○○○警察署長経由）
　　　　　又は
○○○警察署長　殿

○○○地域交通安全活動推進委員協議会
会長　　○　　○　　○　　○

　道路交通法第108条の30第3項の規定に基づき、地域交通安全活動推進委員の活動に関して次のとおり意見を申し出ます。

記

1　意見の内容

2　理由

3　参考資料（ある場合）別添のとおり。

4　公安委員会との関係

規則第14条　公安委員会は、協議会の適正な運営を確保するため必要があると
認めるときは、当該協議会に対し、必要な報告又は資料の提出を求めること
ができる。

規則第15条　公安委員会は、協議会の運営に関し改善が必要であると認めると
きは、当該協議会に対し、その改善に必要な措置を採るべきことを勧告する
ことができる。

　公安委員会は、協議会の適正な運営を確保するため必要があると判断したとき
は、協議会に対して、必要な報告をすることを求めたり、資料の提出を求めたりす
ることができます。「適正な運営」が図られるべき事項としては、法第108条の30第
2項、規則第12条及び法第108条の30第3項に規定する事務に関するもののほか、
役員の選任、協議会の会計処理等内部的な事務に関するものもすべて含まれます。

　また、公安委員会は、協議会の運営に問題があり、その改善が必要であると判断
したときは、協議会に対し、改善措置を採るように勧告することができます。

　これは、協議会が、単なる推進委員の集まりではなく、個々の推進委員の活動を
超えた独自の事務を持っていますので、協議会の運営に関して公安委員会が監督す
る必要があると考えられたためです。

　規則の規定は、協議会の運営に問題があるような場合において、監督行政機関で
ある公安委員会が必要な措置を採ることができるようにその監督権限を定めたもの
であり、日常的に所轄警察署と連絡を取り合ったり、その指導を受けたりすること
は、この規定とは直接関係はありません。

第3章 道路交通に関する知識

はじめに

　昭和30年代から交通事故の多発が社会問題化していましたが、その後の自動車交通の拡大に伴い、昭和45年には交通事故による死者数が16,765人に達し、史上最多を記録しました。このため、昭和45年に交通安全対策基本法が制定され、前後して、交通反則制度の導入、交通安全基本計画に基づく総合交通安全施設等整備事業五箇年計画による道路交通環境の改善、国民各層による交通安全活動の強化等、総合的に交通安全対策が実施されました。この結果、交通事故は急激に減少し、昭和54年には交通事故による死者数が8,466人まで減少しましたが、昭和50年代前半を境にして交通事故は再び増加傾向に転じました。

　交通事故による死者数は、昭和63年に1万人を超えたものの、平成5年から減少傾向に転じ、平成14年には史上最多の死者数から概ね半減となりましたが、令和5年には2,678人（前年比68人、2.6％増）と平成27年以来8年ぶりに前年比増となり、交通事故発生件数及び負傷者数も10数年ぶりに前年に比べ増加に転じました。このように、いまだ多くの尊い生命が交通事故の犠牲となっているなど、依然として厳しい交通事故情勢にあります。

　この章においては、「推進委員」として活動をする上で必要な「道路交通の現況」について説明することにします。

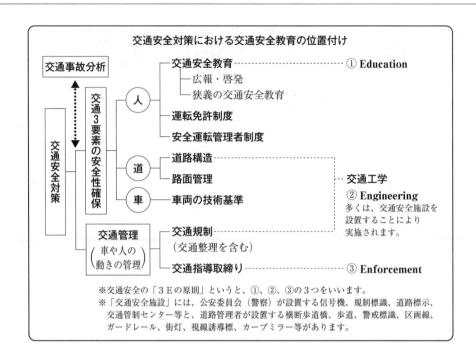

交通安全対策における交通安全教育の位置付け

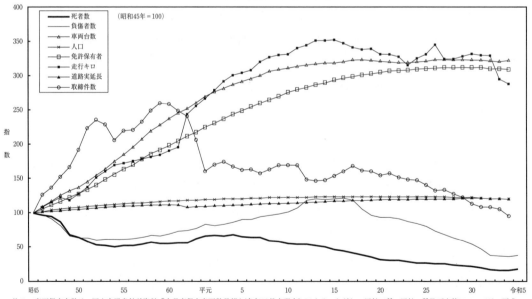

図1 交通関係の指標の推移

注1 車両保有台数は、国土交通省統計資料「自動車保有車両数月報」（各年12月末現在）による。ただし、原付二種、原付一種及び小特については、平成
17年以前は国土交通省統計資料「陸運統計要覧」（各年4月1日現在、ただし、昭和56年以前は3月末現在）に、平成18年以降は総務省統計資料「市
町村税課税状況等の調」（各年7月1日現在）による。
2 人口は、総務省統計資料「国勢調査」又は「人口統計」（各年10月1日現在人口（補間補正を行っていないもの））による。
3 運転免許保有者数は、各年12月末現在の数値である。
4 自動車走行キロは、バス、乗用車及び貨物車の合計であり、国土交通省統計資料「自動車輸送統計調査」（各年度集計）による。なお、昭和62年か
ら軽自動車分も計上している。
5 道路実延長は、高速自動車国道を含み、国土交通省統計資料「道路統計年報」（各年4月1日現在、なお、昭和49年以前及び令和元年以降は3月31日
現在）による。
6 指数は、昭和45年を100としたものである（単位未満四捨五入）。

表1　交通関係指標の推移

区分 年	交通事故 死者数 人	指数	交通事故 負傷者数 千人	指数	車両保有 台数 万台	指数	人口 千人	指数	運転免許 保有者数 万人	指数	自動車 走行キロ 億km	指数	道路 実延長 万km	指数	交通違反 取締り件数 万件	指数
昭和 45☆	16,765	100	981.1	100	2,839	100	103,720	100	2,645	100	2,260	100	101.5	100	531	100
46	16,278	97	949.7	97	3,054	108	105,145	101	2,800	106	2,435	108	102.4	101	669	126
47	15,918	95	889.2	91	3,288	116	107,595	104	2,947	111	2,596	115	103.8	102	722	136
48	14,574	87	789.9	81	3,552	125	109,104	105	3,078	116	2,762	122	104.9	103	807	152
49	11,432	68	651.4	66	3,733	131	110,573	107	3,214	122	2,665	118	105.9	104	883	166
50☆	10,792	64	622.5	63	3,859	136	111,940	108	3,348	127	2,863	127	106.8	105	1,016	191
51	9,734	58	614.0	63	4,089	144	113,094	109	3,515	133	3,097	137	107.9	106	1,184	223
52	8,945	53	593.2	60	4,341	153	114,165	110	3,702	140	3,423	151	108.8	107	1,247	235
53	8,783	52	594.1	61	4,638	163	115,190	111	3,917	148	3,613	160	109.7	108	1,212	228
54	8,466	50	596.3	61	4,945	174	116,155	112	4,104	155	3,820	169	110.6	109	1,091	205
55☆	8,760	52	598.7	61	5,225	184	117,060	113	4,300	163	3,891	172	111.3	110	1,164	219
56	8,719	52	607.3	62	5,523	195	117,902	114	4,497	170	3,947	175	111.8	110	1,169	220
57	9,073	54	626.2	64	5,849	206	118,728	114	4,698	178	4,031	178	112.3	111	1,231	232
58	9,520	57	654.8	67	6,179	218	119,536	115	4,881	185	4,089	181	112.3	111	1,315	248
59	9,262	55	644.3	66	6,454	227	120,305	116	5,061	191	4,157	184	112.5	111	1,374	259
60☆	9,261	55	681.3	69	6,704	236	121,049	117	5,235	198	4,284	190	112.8	111	1,368	258
61	9,317	56	712.3	73	6,934	244	121,660	117	5,408	204	4,416	195	112.7	111	1,319	248
62	9,347	56	722.2	74	7,126	251	122,239	118	5,572	211	5,488	243	109.9	108	1,273	240
63	10,344	62	752.8	77	7,362	259	122,745	118	5,742	217	5,756	255	110.4	109	1,095	206
平成 元年	11,086	66	814.8	83	7,596	268	123,205	119	5,916	224	6,002	266	111.0	109	847	160
2☆	11,227	67	790.3	81	7,811	275	123,611	119	6,091	230	6,286	278	111.5	110	904	170
3	11,109	66	810.2	83	7,984	281	124,043	120	6,255	236	6,573	291	112.0	110	926	174
4	11,452	68	844.0	86	8,109	286	124,452	120	6,417	243	6,782	300	112.5	111	885	167
5	10,945	65	878.6	90	8,220	290	124,764	120	6,570	248	6,838	303	113.1	111	860	162
6	10,653	64	881.7	90	8,349	294	125,034	121	6,721	254	6,943	307	113.6	112	865	163
7☆	10,684	64	922.7	94	8,497	299	125,570	121	6,856	259	7,203	319	114.2	113	836	157
8	9,943	59	942.2	96	8,655	305	125,864	122	6,987	264	7,378	326	114.8	113	867	163
9	9,642	58	958.9	98	8,754	308	126,166	122	7,127	269	7,444	329	115.2	113	896	169
10	9,214	55	990.7	101	8,799	310	126,486	122	7,273	275	7,461	330	115.6	114	900	169
11	9,012	54	1,050.4	107	8,860	312	126,686	122	7,379	279	7,651	339	116.2	114	895	169
12☆	9,073	54	1,155.7	118	8,925	314	126,926	122	7,469	282	7,757	343	116.6	115	788	148
13	8,757	52	1,181.0	120	8,972	316	127,291	123	7,555	286	7,908	350	117.2	115	777	146
14	8,396	50	1,168.0	119	9,011	317	127,435	123	7,653	289	7,908	350	117.7	116	779	147
15	7,768	46	1,181.7	120	9,013	317	127,619	123	7,747	293	7,934	351	118.3	117	811	153
16	7,436	44	1,183.6	121	9,046	319	127,687	123	7,825	296	7,817	346	118.8	117	851	160
17☆	6,937	41	1,157.1	118	9,138	322	127,768	123	7,880	298	7,689	340	119.3	118	894	168
18	6,415	38	1,098.6	112	9,144	322	127,770	123	7,933	300	7,626	337	119.7	118	857	161
19	5,796	35	1,034.7	105	9,117	321	127,771	123	7,991	302	7,636	338	120.1	118	848	160
20	5,209	31	945.7	96	9,083	320	127,692	123	8,045	304	7,469	330	120.4	119	818	154
21	4,979	30	911.2	93	9,046	319	127,510	123	8,081	306	7,460	330	120.8	119	835	157
22☆	4,948	30	896.3	91	9,029	318	128,057	123	8,101	306	7,263	321	121.0	119	804	151
23	4,691	28	854.6	87	9,015	318	127,799	123	8,122	307	7,098	314	121.3	119	784	148
24	4,438	26	825.4	84	9,056	319	127,515	123	8,149	308	7,319	324	121.5	120	780	147
25	4,388	26	781.5	80	9,089	320	127,298	123	8,186	309	7,462	330	121.7	120	744	140
26	4,113	25	711.4	73	9,132	322	127,083	123	8,208	310	7,783	344	121.9	120	703	132
27☆	4,117	25	666.0	68	9,133	322	127,095	123	8,215	311	7,309	323	122.1	120	706	133
28	3,904	23	618.9	63	9,140	322	126,933	122	8,221	311	7,299	323	122.2	120	674	127
29	3,694	22	580.9	59	9,147	322	126,706	122	8,226	311	7,399	327	122.4	121	648	122
30	3,532	21	525.8	54	9,146	322	126,443	122	8,231	311	7,479	331	122.5	121	599	113
令和 元年	3,215	19	461.8	47	9,138	322	126,167	122	8,216	311	7,446	329	122.6	121	571	108
2	2,839	17	369.5	38	9,129	322	126,146	122	8,199	310	6,659	295	122.8	121	575	108
3	2,636	16	362.1	37	9,125	321	125,502	121	8,190	310	6,500	288	122.9	121	555	105
4	2,610	16	356.6	36	9,136	322	124,947	120	8,184	309	6,919	306	123.0	121	505	95
5	2,678	16	365.6	37	9,157	323	124,352	120	8,186	310					448	84

注1　車両保有台数は、国土交通省統計資料「自動車保有車両数月報」（各年12月末現在）による。ただし、原付二種、原付一種及び小特については、平成17年以前は国土交通省統計資料「陸運統計要覧」（各年4月1日現在、ただし、昭和56年以前は3月末現在）に、平成18年以降は総務省統計資料「市町村税課税状況等の調」（各年7月1日現在）による。

2　人口は、総務省統計資料「国勢調査」又は「人口統計」（各年10月1日現在人口（補間補正を行っていないもの））による。

3　運転免許保有者数は、各年12月末現在の数値である。

4　自動車走行キロは、バス、乗用車及び貨物車の合計であり、国土交通省統計資料「自動車輸送統計調査」（各年度集計）による。なお、昭和62年から軽自動車分も計上している。

5　道路実延長は、高速自動車国道を含み、国土交通省統計資料「道路統計年報」（各年4月1日現在、なお、昭和49年以前及び令和元年以降は3月31日現在）による。

6　指数は、昭和45年を100としたものである（単位未満四捨五入）。

1 道路交通を取り巻く環境

(1) 車両の保有台数

　明治37年に国産第1号の自動車が製造され、明治40年には国産初のガソリン車が登場しました。自動車保有台数（大型特殊、小型特殊、特殊用途車、自動二輪、原付を除く。）は、令和5年には約7,716万台と昭和45年の約1,751万台に比べて4倍以上となっています。

図2　車種別車両保有台数の推移

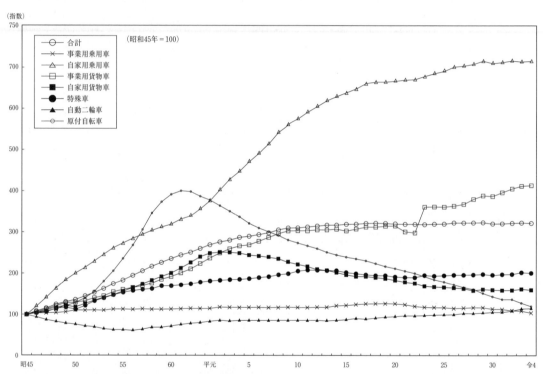

注1　国土交通省統計資料「自動車保有車両数月報」（各年12月末現在）による。ただし、原付二種、原付一種及び小特については、平成17年以前は国土交通省統計資料「陸運統計要覧」（各年4月1日現在、ただし、昭和56年以前は3月末現在）に、平成18年以降は総務省統計資料「市町村税課税状況等の調」（各年7月1日現在）による。
　　2　平成18年以降の原付二種、原付一種及び小特（ミニカーを含む。）は総務省資料（各年4月1日現在）による。
　　3　軽自動車は、自家用、事業用の区別ができないため、一括して自家用欄に計上した。
　　4　指数は、昭和45年を100としたものである（単位未満四捨五入）。
　　5　昭和48年以前は、沖縄県を含まない。

　令和5年12月末の自動車保有台数（自動車（大型特殊、小型特殊、特殊用途車）、自動二輪、原付を除く）は　　　　　　　　　　　　　　　約7,716万台
　　うち、自家用乗用車　　　　　　　　　　　　　　　　　約6,221万台
　　　　　自家用貨物車　　　　　　　　　　　　　　　　　約1,313万台
　　　　　事業用乗用車　　　　　　　　　　　　　　　約　　32万台

　　　　事業用貨物車　　　　　　　　　　　　　　　約　150万台
となっています。

(2)　道路

　我が国の道路延長は、令和4年3月31日現在、約123万kmであり、うち高速自動車国道は、約9,168kmとなっています。

図3　道路実延長の推移

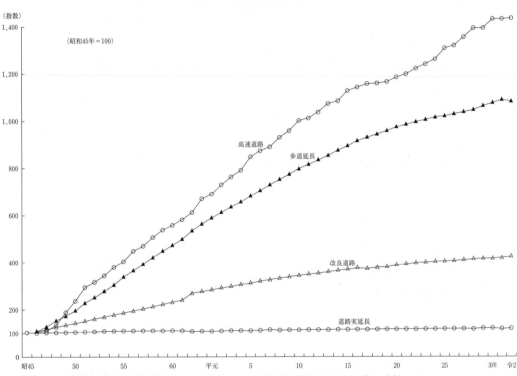

注1　国土交通省統計資料「道路統計年報」（各年4月1日現在、なお、昭和49年以前及び令和元年以降は3月31日現在）による。
　2　指数は、昭和45年を100としたものである。ただし、歩道延長は昭和46年を100とした。

(3)　運転免許保有者数

　我が国の運転免許保有者は、昭和45年には約2,600万人でしたが、昭和59年には5,000万人を超え、平成20年には8,000万人を突破しています。運転免許を取得することができる16歳以上の運転免許保有者数の割合は、令和5年12月末現在で、男性84.0％（約4,424万人）、女性66.7％（約3,762万人）、全体では75.0％（約8,186万人）となっています（図4参照）。

図4　男女別運転免許保有者数と年齢層別保有率（令和5年末現在）

運転免許適齢人口（109,089千人）当たりの運転免許保有率　75.0%

年齢層別人口（千人）〔男〕	運転免許保有率〔男〕	運転免許保有者数男（人）	年齢層 人口：千人（男女計） 保有者数：人（保有率）	運転免許保有者数女（人）	運転免許保有率〔女〕	年齢層別人口（千人）〔女〕
4,621	47.1%	2,176,835	80歳以上 12,602 3,036,530(24.1%)	859,695	10.8%	7
3,366	77.2%	2,596,876	75歳～79歳 7,473 4,246,227(56.8%)	1,649,351	40.1%	4,109
4,161	86.3%	3,590,349	70歳～74歳 8,817 6,334,337(71.8%)	2,743,988	58.9%	4,656
3,568	93.2%	3,324,672	65歳～69歳 7,332 6,221,025(84.8%)	2,896,353	76.9%	3,764
3,719	95.0%	3,531,467	60歳～64歳 7,508 6,742,716(89.8%)	3,211,249	84.8%	3,789
4,144	96.7%	4,006,428	55歳～59歳 8,278 7,706,235(93.1%)	3,699,807	89.5%	4,135
4,869	96.6%	4,702,261	50歳～54歳 9,650 9,056,466(93.8%)	4,354,205	91.0%	4,783
4,620	95.5%	4,411,870	45歳～49歳 9,116 8,491,040(93.1%)	4,079,170	90.7%	4,495
3,938	95.8%	3,771,132	40歳～44歳 7,765 7,243,844(93.3%)	3,472,712	90.7%	3,827
3,593	94.2%	3,385,562	35歳～39歳 7,048 6,451,591(91.5%)	3,066,029	88.8%	3,454
3,274	90.2%	2,954,546	30歳～34歳 6,379 5,584,724(87.5%)	2,630,178	84.7%	3,106
3,333	85.7%	2,855,492	25歳～29歳 6,480 5,364,604(82.8%)	2,509,112	79.8%	3,145
3,211	77.1%	2,475,187	20歳～24歳 6,237 4,591,014(73.6%)	2,115,827	70.0%	3,024
2,259	20.3%	459,380	16歳～19歳 4,404 792,375(18.0%)	332,995	15.5%	2,144
52,676	84.0%	44,242,057	男女合計 109,089 81,862,728(75.0%)	37,620,671	66.7%	56,418

注1　人口については、令和6年の総務省統計資料「年齢（各歳）、男女別人口及び人口性比―総人口、日本人人口（令和5年10月1日現在）」を使用した。
　　2　人口の千単位は四捨五入しているので、合計の数字と内訳が一致しない場合がある。

2 令和5年中の交通事故発生状況

(1) 概況

　令和5年中の交通事故発生状況は、

　　　発生件数　　30万7,930件（前年比＋7,091件、＋2.4%）

　　　死者数　　　　　2,678人（前年比＋68人、＋2.6%）

　　　負傷者数　　36万5,595人（前年比＋8,994人、＋2.5%）

でした。

　死者数は、8年ぶりに前年比増となる2,678人でした。また、交通事故発生件数及び負傷者数も、過去最悪を記録した平成16年以来の前年比増となりました。

　また、交通事故死者数全体に占める65歳以上の高齢者の割合が高い水準で推移しているなど、依然として厳しい交通事故情勢にあります。

図5　交通事故発生件数・死者数・負傷者数の推移

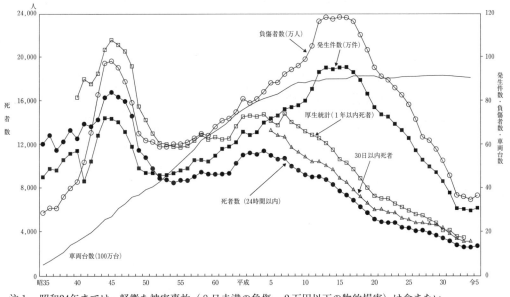

注1　昭和34年までは、軽微な被害事故（8日未満の負傷、2万円以下の物的損害）は含まない。
　2　昭和40年までの件数は、物損事故を含む。
　3　昭和46年以前は、沖縄県を含まない。
　4　厚生統計は、厚生労働省統計資料「人口動態統計」による当該年に死亡した者のうち原死因が交通事故の死者数である。なお、平成6年までは自動車事故とされた者の数を、平成7年からは交通事故とされた者から道路上の交通事故ではないと判断される者を除いた数を計上。

(2) 交通死亡事故の特徴

ア 死者の半数以上が高齢者

　死者数を年齢層別にみると、高齢者（65歳以上）（構成率54.7%）が最も多く、次いで60歳代（同14.0%）、50歳代（同12.4%）の順に多くなっています。

表2　年齢層別死者数の推移（各年12月末）

年齢層別 ＼ 年	25年	26年	27年	28年	29年	30年	令和元年	2年	3年	4年	5年	増減数	増減率	構成率	指数
4歳以下	28	20	26	25	23	23	20	15	12	14	16	2	14.3	0.6	57
5～9歳	40	35	31	26	23	23	18	13	13	9	12	3	33.3	0.4	30
10～14歳	17	24	15	16	11	23	9	6	12	4	11	7	175.0	0.4	65
15～19歳	185	169	158	153	108	131	116	115	87	86	68	−18	−20.9	2.5	37
20～24歳	198	174	169	184	175	155	165	140	122	127	139	12	9.4	5.2	70
25～29歳	157	144	126	117	122	100	85	78	72	78	76	−2	−2.6	2.8	48
30～34歳	134	131	126	122	107	105	80	79	55	65	53	−12	−18.5	2.0	40
35～39歳	156	132	153	152	102	106	101	94	74	88	76	−12	−13.6	2.8	49
40～44歳	194	184	178	173	156	140	112	89	91	96	109	13	13.5	4.1	56
45～49歳	205	197	185	187	227	177	169	142	122	129	130	1	0.8	4.9	63
50～54歳	196	181	201	171	200	184	189	172	151	168	164	−4	−2.4	6.1	84
55～59歳	227	230	231	217	194	184	182	145	151	116	169	53	45.7	6.3	74
60～64歳	342	299	271	223	226	215	187	155	154	159	189	30	18.9	7.1	55
65～69歳	374	391	346	371	337	314	267	233	176	168	186	18	10.7	6.9	50
70～74歳	479	407	416	367	364	362	323	291	315	288	274	−14	−4.9	10.2	57
75～79歳	559	490	520	444	423	444	388	352	299	308	303	−5	−1.6	11.3	54
80～84歳	506	498	539	501	454	424	416	337	358	339	300	−39	−11.5	11.2	59
85歳以上	391	407	426	455	442	422	388	383	372	368	403	35	9.5	15.0	103
全年齢層	4,388	4,113	4,117	3,904	3,694	3,532	3,215	2,839	2,636	2,610	2,678	68	2.6	100.0	61
65歳未満	2,079	1,920	1,870	1,766	1,674	1,566	1,433	1,243	1,116	1,139	1,212	73	6.4	45.3	58
65歳以上	2,309	2,193	2,247	2,138	2,020	1,966	1,782	1,596	1,520	1,471	1,466	−5	−0.3	54.7	63

注1　増減数（率）は、令和4年と比較した値である。
　2　指数は、平成25年を100とした場合の令和5年の値である。

イ 歩行中死者が16年連続最多

　死者数を状態別にみると、歩行中（構成率36.3％）が最も多く、次いで自動車乗車中（同31.3％）となっており、両者で全体の約3分の2を占めています。

　昭和50年以降は、自動車乗車中の死者数が状態別で最多でしたが、シートベルト着用率の向上などにより、平成5年をピークに減少に転じ、その後は、ほぼ一貫して減少しており、令和5年では、前年より33人減少しました。自動車乗車中死者数と歩行中死者数との差は年々縮小し、平成20年には歩行中死者が最多の状態となり、令和5年も継続しています。

表3　状態別死者数の推移（各年12月末）

状態別 ＼ 年	25年	26年	27年	28年	29年	30年	令和元年	2年	3年	4年	5年	増減数	増減率	構成率	指数
自動車乗車中	1,420	1,370	1,322	1,338	1,221	1,197	1,083	882	860	870	837	−33	−3.8	31.3	59
自動二輪乗車中	466	442	447	460	448	401	361	385	332	343	391	48	14.0	14.6	84
原付乗車中	295	255	230	224	184	212	149	141	131	92	117	25	27.2	4.4	40
二輪乗車中	761	697	677	684	632	613	510	526	463	435	508	73	16.8	19.0	67
自転車乗用中	601	540	572	509	479	453	433	419	361	339	346	7	2.1	12.9	58
歩行中	1,592	1,498	1,534	1,361	1,348	1,258	1,176	1,002	941	955	973	18	1.9	36.3	61
その他	14	8	12	12	14	11	13	10	11	11	14	3	27.3	0.5	100
合　計	4,388	4,113	4,117	3,904	3,694	3,532	3,215	2,839	2,636	2,610	2,678	68	2.6	100.0	61
構成率 自動車乗車中	32.4	33.3	32.1	34.3	33.1	33.9	33.7	31.1	32.6	33.3	31.3	—	—	—	97
構成率 自転車乗用中	13.7	13.1	13.9	13.0	13.0	12.8	13.5	14.8	13.7	13.0	12.9	—	—	—	94
構成率 歩行中	36.3	36.4	37.3	34.9	36.5	35.6	36.6	35.3	35.7	36.6	36.3	—	—	—	100

注1　増減数（率）は、令和4年と比較した値である。
　2　指数は、平成25年を100とした場合の令和5年の値である。
　3　令和5年中の「原付」は、一般原動機付自転車及び特定小型原動機付自転車をいう。

　また、死者数を年齢層別と状態別で組み合わせると図6のとおりであり、自動二輪車乗車中以外の全ての状態で高齢者が最多となっています。

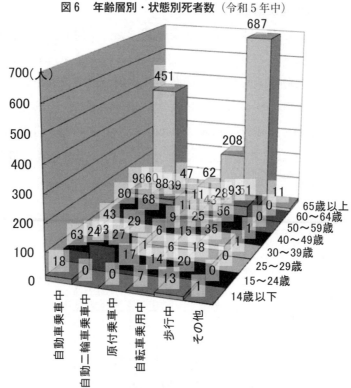

図6 年齢層別・状態別死者数（令和5年中）

注 「原付」は、一般原動機付自転車及び特定小型原動機付自転車をいう。

表4 年齢層別・状態別死者数（令和5年中）

年齢層別	状態別	自動車乗車中	自動二輪車乗車中	原付乗車中	自転車乗用中	歩行中	その他	合 計	構成率
14歳以下	死者数	18	0	0	7	13	1	39	1.5
	増減数	9	−1	0	2	2	0	12	
15～24歳	死者数	63	93	17	14	20	0	207	7.7
	増減数	−24	21	9	−9	−3	0	−6	
25～29歳	死者数	24	27	1	6	18	0	76	2.8
	増減数	−2	1	1	1	−3	0	−2	
30～39歳	死者数	43	29	6	15	35	1	129	4.8
	増減数	−11	−10	2	−3	−3	1	−24	
40～49歳	死者数	80	68	9	25	56	1	239	8.9
	増減数	−3	−3	1	8	10	1	14	
50～59歳	死者数	98	88	11	43	93	0	333	12.4
	増減数	2	7	−4	9	35	0	49	
60～64歳	死者数	60	39	11	28	51	0	189	7.1
	増減数	3	16	2	11	−1	−1	30	
65歳以上	死者数	451	47	62	208	687	11	1466	54.7
	増減数	−7	17	14	−12	−19	2	−5	
合計	死者数	837	391	117	346	973	14	2,678	100.0
	増減数	−33	48	25	7	18	3	68	
	増減率	−3.8	14.0	27.2	2.1	1.9	27.3	2.6	
	構成率	31.3	14.6	4.4	12.9	36.3	0.5	100.0	

注1 増減数（率）は、令和4年と比較した値である。
　2 令和5年中の「原付」は、一般原動機付自転車及び特定小型原動機付自転車をいう。

3 悪質・危険運転者問題

(1) 悪質・危険運転者対策

近年、社会問題となっているのが、飲酒運転、無免許運転及びいわゆる「あおり運転」などの悪質・危険な運転行為によって引き起こされる事故やひき逃げ事件です。

なかでも、飲酒運転に起因する事故については、平成18年8月に福岡県で幼児3人が死亡する飲酒ひき逃げ事件が発生したことなどを契機として、飲酒運転が大きな社会問題となり、取締りの強化や、各方面での飲酒運転根絶に向けた取組の広がりにより、大幅に減少したものの、未だに発生が跡を絶たない状況です。

また、ひき逃げは、最も悪質・危険な行為の一つであり、警察では、「逃げ得」を許さないためにも、厳正な捜査に取り組んでいます。

表5　ひき逃げの発生件数と検挙率の推移

区分	24年	25年	26年	27年	28年	29年	30年	令和元年	2年	3年	4年	5年
ひき逃げ事件発生件数	10,198	9,699	9,231	8,666	8,449	8,283	8,357	7,491	6,830	6,922	6,980	7,183
検挙率（％）	49.0	50.0	52.2	56.1	56.8	58.4	60.8	64.4	70.2	71.7	69.3	72.1

表6　酒酔い運転・酒気帯び運転の取締り件数

区分	24年	25年	26年	27年	28年	29年	30年	令和元年	2年	3年	4年	5年
酒酔い運転取締り件数	632	575	533	565	559	566	559	495	495	490	562	642
酒気帯び運転取締り件数	31,508	28,294	26,589	26,099	25,864	26,629	26,043	24,939	21,963	19,311	19,258	20,825

(2) 悪質・危険な運転行為等に対する厳罰化

○　平成19年の道路交通法改正により、飲酒運転に対する罰則が厳しくなり、飲酒運転者本人だけでなく、従来は教唆・幇助犯として処罰していた飲酒運転者の周辺者（車両提供、酒類提供、同乗行為（要求して同乗））に対する処罰規定が新設されました（平成19年9月19日から施行）。

○飲酒運転者本人

酒酔い運転	酒気帯び運転
5年以下の懲役又は100万円以下の罰金	3年以下の懲役又は50万円以下の罰金

○車両の提供者

酒酔い運転	酒気帯び運転
5年以下の懲役又は 100万円以下の罰金	3年以下の懲役又は 50万円以下の罰金

○酒類の提供者・車両の同乗者

酒酔い運転	酒気帯び運転
3年以下の懲役又は 50万円以下の罰金	2年以下の懲役又は 30万円以下の罰金

　また、平成19年の改正道路交通法等により、悪質・危険運転者に対する行政処分が大幅に強化されました（平成21年6月1日から施行）。

○　悪質・危険運転者に対する欠格期間の延長

　　これまで欠格期間（運転免許が取り消された場合の再度免許を受けることができない期間）は5年が上限でしたが、改正法により、危険運転致死傷、酒酔い運転、ひき逃げ等の悪質・危険行為をしたことを理由に運転免許を取り消した場合、欠格期間を3年から10年を超えない範囲で指定することが可能となりました。

○　飲酒運転に対する基礎点数の引上げ

　　道路交通法施行令の改正により、次のように基礎点数が引き上げられました。

酒酔い運転

25点→35点（免許取消・欠格期間3年）

酒気帯び運転

　　・呼気中アルコール濃度0.15mg／ℓ以上0.25mg／ℓ未満

6点→13点（免許停止90日）

　　・呼気中アルコール濃度0.25mg／ℓ以上

13点→25点（免許取消・欠格期間2年）

※いずれも前歴及びその他の累積点数がない場合

⑶　**無免許運転に対する厳罰化**

○　平成25年の道路交通法改正により、無免許運転に対する罰則が厳しくなるとともに、運転者本人だけでなく、無免許運転者への自動車等の提供、同乗行為にも

罰則が新設されました。（平成25年12月 1 日から施行）

無免許運転者	無免許運転者への自動車等の提供	無免許運転の自動車等に同乗する行為
3 年以下の懲役又は50万円以下の罰金	3 年以下の懲役又は50万円以下の罰金	2 年以下の懲役又は30万円以下の罰金

○　**無免許運転に対する基礎点数の引上げ**

　　道路交通法施行令の改正により、次のように基礎点数が引き上げられました。

無免許運転

　　19点→25点（免許取消・欠格期間 2 年：前歴及びその他の累積点数がない場合）

(4)　**妨害運転に対する厳罰化**

○　令和 2 年の道路交通法改正により、他の車両等の通行を妨害する目的で、一定の違反行為※であって、他の車両等に道路における交通の危険を生じさせるおそれのある方法によるものをした者及び高速自動車国道等において他の自動車を停止させ、その他道路における著しい交通の危険を生じさせた者に対する罰則が新設されました。（令和 2 年 6 月30日から施行）

妨害運転（著しい交通の危険）	妨害運転（交通の危険のおそれ）
5 年以下の懲役又は100万円以下の罰金	3 年以下の懲役又は50万円以下の罰金

　　※一定の違反行為：通行区分違反　急ブレーキ禁止違反　車間距離不保持　進路変更禁止違反　追越し違反　減光等義務違反　警音器使用制限違反　安全運転義務違反　最低速度違反（高速自動車国道）　高速自動車国道等駐停車違反

○　**妨害運転に対する基礎点数**

　　道路交通法施行令の改正により、次のように基礎点数が付されました。

妨害運転（著しい交通の危険）

35点（免許取消・欠格期間 3 年）

妨害運転（交通の危険のおそれ）

25点（免許取消・欠格期間 2 年）

※いずれも前歴及びその他の累積点数がない場合

第4章 道路交通関係法令等 の基礎的な知識

はじめに

　交通の安全と円滑に関係する事項を定めた法律は、多数あります。推進委員は、その職務を適正かつ効果的に行うため、これらの法律に規定する基本的な事項について理解しておく必要があります。

　この章では、道路交通に関係する主な法律について、その概要を説明します。

1　主な道路交通関係法令の概要

⑴　**道路交通法**（昭和35年6月25日法律第105号）

　この法律は、道路における交通に関する基本法としての性格を持つ法律で、「道路における危険を防止し、その他交通の安全と円滑を図り、及び道路の交通に起因する障害の防止に資すること」を目的としています。法律の内容としては、歩行者の通行方法、車両などの交通方法、運転者や使用者の義務、自動車や原動機付自転車の運転免許、道路の使用の規制などや遵守事項に違反した場合などの罰則について定められています。

　なお、この法律に定める道路の交通の方法などについては、「交通の方法に関する教則」（昭和53年10月30日国家公安委員会告示第3号）に分かりやすくまとめてあります。

⑵　**自動車の保管場所の確保等に関する法律**（昭和37年6月1日法律第145号）

　この法律は、「自動車の保有者等に自動車の保管場所を確保し、道路を自動車の保管場所として使用しないよう義務付けるとともに、自動車の駐車に関する規制を強化することにより、道路使用の適正化及び道路交通の円滑化を図ること」を目的として、昭和37年6月に制

定されました。平成2年の改正において、「道路における危険の防止」が目的として追加されるとともに、自動車の保管場所の継続的な確保を図るための制度が設けられ、また、保管場所の確保されていない自動車の保有者に対して、自動車の運行を制限する措置などが設けられています。

(3) 自動車安全運転センター法 （昭和50年7月10日法律第57号）

この法律は、自動車安全運転センター（以下「センター」といいます。）の設立、センターの内部の管理、センターの業務、財務や会計、公安委員会のセンターに対する監督などについて定めています。センターは、自動車の運転に関する研修の実施、運転免許を受けた者の自動車の運転に関する経歴に係る資料や交通事故に関する資料の提供、交通事故等に関する調査研究などを行い、道路の交通に起因する障害の防止と運転免許を受けた者などの利便の増進に寄与しています。

平成15年の改正により、センターは、同年10月1日より民間法人化されました。

(4) 交通安全施設等整備事業の推進に関する法律 （昭和41年4月1日法律第45号）

この法律は、「交通事故が多発している道路その他特に交通の安全を確保する必要がある道路について、総合的な計画の下に交通安全施設等整備事業を実施することにより、これらの道路における交通環境の改善を行い、もつて交通事故の防止を図り、あわせて交通の円滑化に資すること」を目的としています。交通安全施設等とは、信号機、道路標識、道路標示、交通管制センター、横断歩道橋、街灯などをいい、これらの整備に関する計画、実施、費用の負担や補助などについて定めています。

(5) 交通安全対策基本法 （昭和45年6月1日法律第110号）

この法律は、「交通の安全に関し、国及び地方公共団体、車両、船舶及び航空機の使用者、車両の運転者、船員及び航空機乗組員等の責務を明らかにするとともに、国及び地方公共団体を通じて必要な体制を確立し、並びに交通安全計画の策定その他国及び地方公共団体の施策の基本を定めることにより、交通安全対策の総合的かつ計画的な推進を図り、もつて公共の福祉の増進に寄与すること」を目的としています。この法律は、陸海空すべての交通の安全に関する基本的な法律ということができます。交通安全に関する組織として、内閣府に中央交通安全対策会議、また、都道府県に都道府県交通安全対策会議が置かれ、中央交通安全対策会議は、交通安全基本計画を作成し、都道府県交通安全対策会議は、都道府県交通安全計画を作成し、交通の安全に関する施策の実施を推進しなければならないこととされています。

(6) 自転車の安全利用の促進及び自転車等の駐車対策の総合的推進に関する法律 （昭和55年11月25日法律第87号）

この法律は、「自転車に係る道路交通環境の整備及び交通安全活動の推進、自転車の安全性の確保、自転車等の駐車対策の総合的推進等に関し必要な措置を定め、もつて自転車の交通に係る事故の防止と交通の円滑化並びに駅前広場等の良好な環境の確保及びその機能の低下の防止を図り、あわせて自転車等の利用者の利便の増進に資すること」を目的としています。地方公共団体、道路管理者、都道府県警察、鉄道事業者や学校、図書館、スーパーマーケット、銀行などが自転車駐車対策に努めることが定められているほか、自転車駐車場の設置及び自転車の安全利用に関する施策に対する国の助成措置、自転車利用者の自転車の安全利用の責務及び放置をしない責務などについても規定が置かれ、自転車に関する安全利用について総合的に定めたものです。

　平成5年の改正により、市町村は自転車等（原付を含む。）の駐車対策を推進するため、自転車等駐車対策協議会の意見を聴いて、総合計画を定めることができることになり、また、自転車の利用者は自転車防犯登録が義務づけられました。

(7)　自転車活用推進法（平成28年12月16日法律第113号）

　この法律は、「自転車の活用の推進に関し、基本理念を定め、国の責務等を明らかにし、及び自転車の活用の推進に関する施策の基本となる事項を定めるとともに、自転車活用推進本部を設置することにより、自転車の活用を総合的かつ計画的に推進すること」を目的としています。この法律では、自転車の活用の推進は、交通の安全の確保を図りつつ行われることとされています。また、政府は、自転車活用推進計画を閣議決定し、国会に報告することとされているほか、都道府県及び市町村でも、政府の自転車活用推進計画等を勘案して、当該都道府県等、区域の実情に応じた自転車活用推進計画を定めるよう努めることとされています。

(8)　道路法（昭和27年6月10日法律第180号）

　この法律は、「道路網の整備を図るため、道路に関して、路線の指定及び認定、管理、構造、保全、費用の負担区分等に関する事項を定め、もつて交通の発達に寄与し、公共の福祉を増進すること」を目的としています。この法律は、道路に関する基本法ということができます。ただし、この法律でいう「道路」とは、私たちが通常道路と考えているものすべてではなく、高速自動車国道、一般国道、都道府県道及び市町村道をいいます。この法律は、道路の構造の基準、道路の管理の方法、道路に関する費用の負担、道路の破壊などにより交通の危険が生ずる場合の措置などについて定めています。

(9)　駐車場法（昭和32年5月16日法律第106号）

　この法律は、「都市における自動車の駐車のための施設の整備に関し必要な事項を定めることにより、道路交通の円滑化を図り、もつて公衆の利便に資するとともに、都市の機能の維持及び増進に寄与すること」を目的としています。この法律では、駐車場整備地区という

ものが定められた場合において、市町村が、駐車需要に応ずるために必要な駐車場整備計画を定めることができ、また、国土交通大臣、都道府県又は市町村は、その地区内の長時間の自動車の駐車需要に応ずるために必要な路外駐車場の整備に努めなければならないものとされています。また、地方公共団体は、条例で定める規模以上の建築物を新築し、または、増築しようとする者に対し、条例で、その建築物又はその建築物の敷地内に駐車施設を設けなければならない旨を定めることができるとされています。

⑽　**道路運送車両法**（昭和26年6月1日法律第185号）

　この法律は、「道路運送車両に関し、所有権についての公証等を行い、並びに安全性の確保及び公害の防止その他の環境の保全並びに整備についての技術の向上を図り、併せて自動車の整備事業の健全な発達に資することにより、公共の福祉を増進すること」を目的としています。この法律では、自動車の安全性を確保し、適正な使用を期するため、自動車の検査と登録の制度を設けるとともに、自動車の整備及び整備事業について規制しています。所有権の公証については、自動車の登録について定められ、また、安全性の確保については、道路運送車両の保安基準、整備、検査などが定められています。保安基準の定めるところに適合しない車両を運転した場合には、道路交通法の規定により処罰されることがあります（整備不良車両の運転の禁止）。

⑾　**自動車損害賠償保障法**（昭和30年7月29日法律第97号）

　この法律は、「自動車の運行によって人の生命又は身体が害された場合における損害賠償を保障する制度を確立することにより、被害者の保護を図り、あわせて自動車運送の健全な発達に資すること」を目的とします。自動車は、自動車損害賠償責任保険の契約が締結されているものでなければ、運行の用に供してはならないことが定められ、これに違反すると処罰されます。この法律では、このほかに保険事業、責任保険に関する事項を調査審議する自動車損害賠償責任保険審議会などについて定めています。

⑿　**道路運送法**（昭和26年6月1日法律第183号）

　この法律は、「道路運送事業の運営を適正かつ合理的なものとし、並びに道路運送の分野における利用者の需要の多様化及び高度化に的確に対応したサービスの円滑かつ確実な提供を促進することにより、輸送の安全を確保し、道路運送の利用者の利益の保護及びその利便の増進を図るとともに、道路運送の総合的な発達を図り、もって公共の福祉を増進すること」を目的とします。自動車によって行う運送事業に関する基本的な法律であり、旅客自動車運送事業の免許、運賃、事業計画などのほか、運転者の制限、輸送の安全などについても定め、事故などの発生を防止するための規定が置かれています。

　この法律のほか、自動車運送事業に関する法律としては、「タクシー業務適正化特別措置法」（昭和45年5月19日法律第75号）や「貨物自動車運送事業法」（平成元年12月19日法律第

83号）があります。また、貨物運送取扱事業を規制する「貨物利用運送事業法」（平成元年12月19日法律第82号）があります。

2 交通安全対策の歴史

年 月 日	法　　令　　等	そ　　の　　他
昭和35年	12.17　道路標識、区画線及び道路表示に関する命令の制定 12.20　道路交通法施行	12.16　総理府に交通対策本部設置
昭和36年	4.1　警察庁保安局の交通課を分けて交通企画課、交通指導課を新設	1.10　㈶全日本交通安全協会設立 4.1　福井県武生市、敦賀市が全国初の交通安全都市宣言 11.14　交通栄誉表彰制度、緑十字金、銀、銅賞を制定 11.28　㈶全日本指定自動車教習所連合会設立
昭和37年	3.13　交通関係閣僚懇談会、交通違反に切符採用を決定 4.1　警察庁交通局発足（警察法改正） 6.1　自動車の保管場所の確保等に関する法律公布 7.1　ダンプ砂利トラック対策として政令大型自動車の運転資格新設	5.11～20　春の全国交通安全運動 それまで警察庁主催であったものが交通対策本部の主催となる 10.24　㈳日本自動車連盟設立
昭和38年	1.1　交通切符制度、東京・大阪で実施 4.15　高速自動車国道等における自動車の交通方法の特例の新設（道路交通法の一部改正公布）	7.6　わが国初の高速自動車国道開通 （名神高速道路、尼崎～栗東間71.1km供用開始）
昭和39年	8.7　道路交通に関する条約（ジュネーブ条約）に加入 9.1　国際運転免許制度の実施 11.24　道路標識の設置及び管理に関する基準制定	9.1　キープレフトの原則採用 11.5　㈳全日本指定自動車教習所協会連合会設立
昭和40年	6.1　安全運転管理者制度の導入、軽自動車の運転資格強化（道路	9.1　各都道府県に安全運転学校を設置

年 月 日	法 　 令 　 等	そ 　 の 　 他
昭和40年	交通法の一部改正）	
昭和41年	4. 1　交通安全施設等整備事業に関する緊急措置法公布　第1次三箇年計画の実施 10. 1　運転免許証の様式改正（ビニール製）	1. 3　第1回交通安全年間スローガン採用（ブレーキは早目にスピードは控え目に！など） 12.20　最高裁が自動車事故について初めて信頼の原則を適用 12.26　第1回交通安全子供自転車全国大会の開催
昭和42年	8. 1　車両等の通行方法の規定の整備等道路交通法の一部改正（公布） 8. 2　土砂等を運搬する大型自動車による交通事故の防止等に関する特別措置法公布	4. 1　指定自動車教習所における路上教習制度の実施 12.22　㈳日本交通福祉協会設立
昭和43年	6.10　業務上過失致死、重過失致死傷の罰則強化刑法の一部改正（5年以下の懲役若しくは禁錮等） 7. 1　交通反則通告制度発足 9. 1　軽免許を廃止し普通免許（審査未済）とする	4.27　酒酔い運転による事故に対し、酒を飲ませた者にも賠償責任ありとの新判例 8.18　岐阜県白川町で観光バス2台飛騨川へ転落、死者104人 10.20　第1回二輪車安全運転全国大会の開催 10.25　㈶日本交通安全教育普及協会設立
昭和44年	3. 7　警察庁、交通事故非常事態宣言 4. 1　第2次交通安全施設等整備事業三箇年計画実施 10. 1　運転免許行政処分の点数制度実施（道路交通法施行令改正）	5. 9　交通遺児育英会（会長＝永野重雄氏）発足 6. 6　第1回全国白バイ安全運転競技大会開催
昭和45年	4. 3　自動車道の整備等に関する法律公布 6. 1　「交通安全対策基本法」公布 8.20　道路交通法一部改正（「交通巡視員」制度発足、酒気帯び運転に関する規制強化等）	1. 1　㈶日本道路交通情報センター設立 1.11　幹線道路の一方通行実施（大阪府） 12月末　昭和45年中の交通事故死者数は、史上最悪の16,765人となる
昭和46年	4. 1　交通安全施設等整備事業に関	1.27　全国に先がけて福岡交通管制

年 月 日	法 令 等	そ の 他
昭和46年	する緊急措置法の一部改正（新五箇年計画） 6.2　交通管理の規定の整備等、道路交通法の一部改正（公布） 6.23　交通公害に係る大気の汚染、騒音及び振動を定める命令の公布 　　　　大気汚染防止法第21条第1項の規定に基づく自動車排出ガスによる大気汚染の限度を定める命令の公布 6.24　道路交通法の目的に「道路の交通に起因する障害の防止」を追加（同法改正） 12.1　歩行者の安全確保、都市交通混雑緩和対策のための規定を整備（道路交通法の一部改正）	センターの運用開始 2.1　全国初の可変標識運用開始（福岡県） 3.26　違法駐車車両の移動措置の強化と移動業務の民間委託 12.31　自動車台数2,000万台を突破
昭和47年	2.19　交通の方法に関する教則（昭和47年2月、国家公安委員会告示第1号）を告示 4.1　運転免許更新時講習義務化（道路交通法の改正） 6.1　路上試験制度の新設等（道路交通法の一部改正） 10.1　最高速度毎時40km以上の道路における二輪車乗車用ヘルメット着用の義務化	1.19　第12回交通安全総ぐるみ運動中央大会の婦人の部終了後、「全日本交通安全母の会連絡協議会」の設立総会を都市センターで開催 7.6　暴走族の取締りを強化（通達）
昭和48年	4.1　運転免許証の有効期間に誕生日制度を採用 10.1　運転免許証の写真化（カラー化）実施	7.1　保管場所法違反に交通切符適用 12.31　運転免許保有者3,000万人を突破
昭和49年	5.16　都市総合交通規制の推進	5.25　暴走族に対する取締り強化を指示（通達） 9.3　㈳全国交通安全母の会連合会設立 9.17　本田藤沢記念㈶国際交通安全学会設立

年 月 日	法 令 等	そ の 他
昭和50年	8. 1〜31 政府・交通対策本部がシートベルト・ヘルメット着用推進運動を実施 以後、昭和60年まで毎年実施	11. 1 ㊖自動車安全運転センター設立
昭和51年	6.10 振動規制法公布（12.1施行） 11. 9 第2次交通安全施設等整備事業五箇年計画閣議決定	5.15 神戸まつり、暴走族の暴徒化。取材中の新聞社カメラマン死亡（兵庫県）
昭和52年	9. 1 普通免許の教習生に対し、原付安全講習を開始	4. 1 自動車安全運転センター、SDカード発行
昭和53年	12. 1 共同危険行為等禁止規定の新設施行	3.31 ㊩全国二輪車安全普及協会発足 7.30 沖縄県の交通方法の変更実施
昭和54年	11.20 道路交通法施行規則の一部改正（信号機に関する件）	7.11 東名高速道路日本坂トンネルで大規模車両火災事故（車両173台焼失）
昭和55年	11.25 自転車の安全利用の促進及び自転車駐車場の整備に関する法律公布（56.1.1施行） 12.12 暴走族の共同危険行為等禁止違反に付する基礎点数の引き上げ（56.1.1施行）	9.24 暴走族に対する総合対策の推進について、暴走族緊急対策関係省庁会議申合せ
昭和56年	2. 9 踏切事故防止総合対策（第3次総合対策）の策定 3.30 中央交通安全対策会議が、昭和56年度から60年度までの五箇年間の第3次交通安全基本計画を制定（目標：死者数を8,000人以下にする） 11.27 第3次特定交通安全施設等整備事業五箇年計画閣議決定	3.31 全国の信号機10万基突破
昭和57年	4. 6 警察庁交通局高速道路課発足 7. 7 下肢で運転できる自動車の開発に伴う政令改正（身体障害者の運転免許取得範囲を拡大）	1. 4 運転管理者センター業務オンライン・リアルタイム化、新規運転免許証即日交付開始 4. 1 TSマーク保険制度発足 4. 3 運転免許証更新手続のための日曜日窓口開設

年 月 日	法　　令　　等	そ　　の　　他
昭和58年	5.16　交通安全対策特別交付金制度の制定 （道路交通法の一部改正）	9.1　大韓航空機撃墜事件 10.6　全国非指定自動車教習所協会設立
昭和59年	7.1　総務庁発足	3.18　江崎グリコ社長身の代金目的誘拐事件 8.31　運転免許保有者数5,000万人突破
昭和60年	2.15　原付ミニカーを普通自動車に改正 7.5　道路交通法を一部改正 　　（シートベルトの着用義務（9月1日施行）等） 9.1　全ての道路でシートベルト着用義務規定施行 10.28　道路標識、区画線及び道路表示に関する命令を一部改正	1.28　スキー場に向かう貸切バスがダム湖に転落水没、死者25人（長野県） 8.12　日航機御巣鷹山事故
昭和61年	3.28　中央交通安全対策会議が昭和61年度から昭和65年度までの五箇年計画の第4次交通安全基本計画を策定（目標、年間死者数を8,000人以下にする） 5.16　道路交通法一部改正案可決成立（5月30日法律63号公布、62年4月1日施行）違法駐車対策、罰金及び反則金の限度引上げ、反則通告制度の適用拡大 10.25　道路標識、区画線及び道路表示に関する命令一部改正 11.28　第4次交通安全施設等整備事業五箇年計画閣議決定	12.31　自動車保有台数5,000万台突破
昭和62年	4.1　パーキング・チケット制度運用開始（道路交通法の一部改正施行） 4.1　道路使用適正化制度運用開始	4.1　全国及び各都道府県道路使用適正化センター発足 9.9　青森〜八代間2,002kmが高速道路一本で直結
昭和63年	7.28　交通安全対策本部において「大都市における道路交通円滑化対策について」を決定	4.10　瀬戸中央自動車道、早島〜坂出間が初供用され、本州と四国が直結

年 月 日	法　　令　　等	そ　　の　　他
昭和63年	8.22　交通対策本部、「交通事故防止に関する緊急総合対策」を決定	
昭和64年 平成元年	11.28　交通対策本部、「交通事故非常事態宣言」を発令 12.22　初心運転者期間、取消処分者講習制度の新設（道路交通法一部改正）	5.1　全国に道路標識意見箱（通称「標識BOX」）設置
平成2年	5.28　交通対策本部、「大都市における駐車対策の推進について」申合せ 7.3　道路交通法の一部改正 （放置行為対策、地域交通安全活動推進委員制度等） 　自動車の保管場所の確保等に関する法律の一部改正 （保管場所の要件の明確化、保管場所の継続的確保等） 9.1　初心運転者期間、取消処分者講習制度の運用開始	9.26　違法駐車防止条例の制定（武蔵野市） 12.31　運転免許保有者数及び自動車保有台数がそれぞれ6,000万人、6,000万台を突破
平成3年	1.1　改正道路交通法の施行 （地域交通安全活動推進委員制度発足） 7.1　改正保管場所法の施行 9.1　初心運転者期間制度に係る再試験制度の運用開始 11.1　オートマチック車限定免許制度の施行 11.29　第5次特定交通安全施設等整備事業五箇年計画閣議決定	5.8　自動車安全運転センター安全運転中央研修所の開所
平成4年	4.10　警察庁交通局都市交通対策課の発足 5.6　道路交通法の一部改正 ・交通事故調査分析センター関係（平成4年5月6日施行） ・暴走族対策関係（平成4年8月1日施行） ・身体障害者用の車いす関係	3.5　交通事故総合分析センターの設立

年 月 日	法　　　令　　　等	そ　　の　　他
平成4年	（平成4年11月1日施行） 10.20　交通の方法に関する教則の一部改正 11.1　道路交通法施行令の一部を改正する政令（法定速度改正関係） 11.1　道路標識、区画線及び道路標示に関する命令の一部を改正する命令（道路標識等の改正関係）	
平成5年	5.12　道路交通法の一部改正 ・違法駐車車両に対する車輪止め装置の取付けに関する規定の整備 ・過積載車両に対する措置に関する規定の整備 ・最高速度違反の反則金の限度額の引き上げ ・運転免許に関する規定の整備	4.1　警視庁都市交通対策課の発足 4.1　大阪クリアウェイセンターの開設
平成6年	5.10　改正道路交通法の施行 6.20　自転車の安全利用の促進及び自転車等の駐車対策の総合的推進に関する法律（改正自転車法）の施行 10.1　行政手続法及び一括整備法による改正道路交通法の施行	7.11　車輪止め装置損壊罪に罰金8万円初適用（警視庁）
平成7年	4.21　道路交通法の一部改正 ・運転免許に関する規定の整備 ・用語の定義等に関する規定の整備 4.21　自動車の保管場所の確保等に関する法律の一部改正 ・軽自動車の保管場所の届出をしなければならない者を定めること等 6.26　自動車の保管場所の確保等に関する法律施行令の一部を改正する政令 ・軽自動車の届出適用地域の拡	7.27　青森〜宮崎・鹿児島間2,150kmが高速道路一本で直結

年　月　日	法　　令　　等	そ　　の　　他
平成7年	大 11.21　道路標識、区画線及び道路標示に関する命令の一部を改正する命令 ・ゾーン規制標識等	
平成8年	1.26　道路交通法施行令の一部を改正する政令（前照灯に関する整備） 5.29　道路交通法施行令の一部を改正する政令（大型二輪免許等に関する規定の整備） 8.6　道路標識、区画線及び道路標示に関する命令の一部を改正する命令 11.22　道路交通法施行令の一部を改正する政令（特定普通自動車等に関する整備）	12.31　交通事故死者数が全国で9,943人と、9年振りに1万人を割る
平成9年	5.1　道路交通法の一部改正 ・運転免許に関する規定の整備 ・交通の安全と円滑に資するための民間の組織活動等の促進を図るための規定の整備 ・高齢の歩行者の保護を図るための規定の整備 10.16　道路交通法施行令の一部を改正する政令（臓器の移植に関する法律の規定により摘出された臓器等の応急運搬のため使用する自動車を緊急自動車に指定） 10.30　改正道路交通法の一部施行（高齢運転者マークの新設、高速自動車国道等における自動車の交通方法の特例に関する規定の整備等）	12.18　東京湾アクアライン（東京湾横断道路）供用開始 12.31　交通事故死者数が全国で9,642人と、前年に引き続き1万人を割る
平成10年	4.1　改正道路交通法の一部施行 ・交通安全教育指針の作成及び公表に関する規定の新設	4.5　中央支間長が世界一の吊橋である明石海峡大橋が供用開始

年　月　日	法　　　令　　　等	そ　　の　　他
平成10年	・都道府県交通安全活動推進センター及び全国交通安全活動推進センターに関する規定の整備等 10. 1　改正道路交通法の一部施行 ・軽微違反行為をした者に対する講習の新設 ・免許更新期間が満了する日における年齢が75歳以上の者に対する講習の新設等	12.31　交通事故死者数が全国で9,214人と３年連続して減少。一方、交通人身事故件数は、80万3,882人と史上最悪を記録する
平成11年	5.10　道路交通法の一部改正 ・幼児用補助装置（いわゆるチャイルドシート）の使用の義務付け ・携帯電話等の走行中の使用等の禁止 ・運転免許取得者教育の認定制度の新設	12.31　交通事故死者数が全国で9,012人と４年連続で減少、人身事故発生件数は７年連続して過去最悪、負傷者数は初めて100万人を突破
平成12年	5.17　高齢者身体障害者等の公共交通機関を利用した移動の円滑化の促進に関する法律（いわゆる交通バリアフリー法）の新設 7.24　道路交通法施行令の一部を改正する政令 ・軽自動車及び自動二輪車が高速自動車国道の本線車道を通行する場合の最高速度に関する法律の整備 11.15　交通バリアフリー法の施行	12.31　発生件数、負傷者数は、共に約10％の大幅な増加で過去最悪を更新した。死者数（9,073人）は５年ぶりに前年を上回った
平成13年	6. 1　道路交通法の一部改正 ・悪質・危険運転等に対する罰則を強化 6. 1　自動車運転代行業の業務の適正化に関する法律の新設 12.25　刑法の一部改正、施行 ・危険運転致死傷罪の新設	12.31　交通事故死者数が全国で8,757人と、昭和56年以来20年振りに9,000人を下回る。一方、交通事故発生件数は９年連続、負傷者数は４年連続して過去最悪を更新
平成14年	2. 6　道路交通法施行令の一部を改	12.31　交通事故死者数が全国で8,396

年 月 日	法　　令　　等	そ　　の　　他
平成14年	正する政令 ・運転免許証の更新を受ける者の負担の軽減 ・点数制度の見直し等 6.1　改正道路交通法の一部施行 ・飲酒運転に対する罰則の強化	人と、過去最悪であった昭和45年の16,765人の約半数となる。 　また、交通事故発生件数及び負傷者数は、12年振りに減少
平成15年	4.1　社会資本整備重点計画法の施行 4.1　交通安全施設等整備事業に関する緊急措置法を交通安全施設等整備事業の推進に関する法律に改正 10.10　第1次社会資本整備重点計画閣議決定	10.1　自動車安全運転センターが民間法人化 12.31　交通事故死者数が全国で7,768人と、昭和32年以来46年振りに8,000人を下回る。一方、交通事故発生件数及び負傷者数は過去最悪を記録
平成16年	6.9　道路交通法の一部改正 ・違法駐車対策 ・中型自動車・中型免許の新設 ・自動二輪車の二人乗り規制の見直し ・携帯電話等の使用等に関する罰則の見直し等 11.1　改正道路交通法の一部施行 ・携帯電話等の使用等に関する罰則の見直し ・集団暴走行為等に対する罰則の強化 ・飲酒検知拒否に対する罰則の強化	12.31　交通事故死者数が全国で7,436人となり、7,000人台前半まで減少。交通事故発生件数及び負傷者数は過去最悪を更新
平成17年	4.1　改正道路交通法の一部施行 ・自動二輪車の二人乗り規制の見直し	12.31　交通事故死者数が全国で6,937人となり、7,000人を下回る。また、交通事故発生件数及び負傷者数は、3年振りに減少
平成18年	6.1　改正道路交通法の一部施行 ・放置違反金制度の新設による使用者責任の強化 ・放置車両の確認事務等の民間委託	12.31　交通事故死者数が全国で6,415人となり、6,000人台前半まで減少。また、交通事故発生件数及び負傷者数も2年連続で減少

年 月 日	法　　令　　等	そ　　の　　他
平成19年	6.2　改正道路交通法の一部施行 ・中型自動車・中型免許の新設 6.12　改正刑法の施行 ・自動車運転過失致死傷罪の新設 ・危険運転致死傷罪の適用対象の二輪車への拡大 6.20　道路交通法の一部改正 ・悪質・危険運転者対策 ・高齢運転者対策等 ・自転車利用者対策 ・被害軽減対策 9.19　改正道路交通法の一部施行 ・飲酒運転及びその周辺者に対する罰則の強化	12.31　交通事故死者数が全国で5,796人となり、昭和24年以来54年振りの5千人台となる。また、交通事故発生件数及び負傷者も3年連続で減少
平成20年	6.1　改正道路交通法の一部施行 ・後部座席シートベルトの着用義務化 ・自転車の歩道通行要件の明確化 ・75歳以上運転者の高齢運転者標識の表示義務化 ・聴覚運転者標識の表示義務化	12.31　交通事故死者数が全国で5,209人となり、第8次交通安全基本計画の平成22年までに死者数5,500人以下及び死傷者数100万人以下にするという数値目標を2年前倒しで達成
平成21年	3.31　第2次社会資本整備重点計画閣議決定 4.24　道路交通法の一部改正 ・高齢運転者標識制度の見直し（同日施行） ・高齢運転者等専用駐車区間制度の導入 ・車間距離保持義務違反に対する罰則の強化 ・地域交通安全活動推進委員の活動の追加 6.1　改正道路交通法の一部施行 ・75歳以上の免許更新者に対する講習予備検査の受検義務付け	

年 月 日	法 令 等	そ の 他
平成21年	・悪質・危険運転者に対する行政処分の強化 10. 1 改正道路交通法の一部施行 ・車間距離保持義務違反に対する罰則の強化・地域交通安全活動推進委員の活動の追加	
平成22年	4.19 改正道路交通法の一部施行 ・高齢運転者等専用駐車区間制度の導入	
平成23年	中央交通安全対策会議が平成23年から平成27年までの五箇年の第9次交通安全基本計画を制定（目標：平成27年までに24時間死者数を3,000人以下とし、世界一安全な道路交通を実現する）	交通事故死者数が全国で4,663人で11年連続の減少となり、ピーク時（昭和45年：16,765人）の3割以下となり、交通事故発生件数及び負傷者数も7年連続で減少 4.18 鹿沼市におけるてんかんの持病を有する運転者による児童6人死亡の事故
平成24年	8.31 第3次社会資本整備重点計画閣議決定	交通事故死者数が全国で4,411人で、12年連続の減少となり、交通事故発生件数及び負傷者数も8年連続で減少 4.12 京都市（祇園）におけるてんかんの持病を有する運転者による7人死亡、12人重軽傷の事故 4.23 亀岡市における無免許運転者による3人死亡、7人重軽傷の事故 4.29 群馬県藤岡市の関越自動車道におけるツアーバスの7人死亡、38人重軽傷の事故
平成25年	6.14 道路交通法の一部改正 ・一定の病気等に係る運転者対策 ・悪質・危険運転者対策 ・自転車利用者対策 ・環状交差点における交通方法の特例 等	交通事故死者数が全国で4,373人で、13年連続の減少となり、交通事故発生件数及び負傷者数も9年連続で減少

年 月 日	法　　令　　等	そ　　の　　他
平成25年	12.1　改正道路交通法の一部施行 ・無免許運転等の罰則強化 ・無免許運転幇助行為への罰則新設 ・制動装置不良自転車の検査・応急措置命令 ・軽車両の左側路側帯走行の限定	
平成26年	5.20　自動車の運転により人を死傷させる行為等の処罰に関する法律 ・危険運転致死傷罪の適用範囲の拡大 ・過失運転致死傷アルコール等影響発覚免脱罪の新設 ・無免許運転の場合の刑の加重　　　　　　　　　　　　　　　等 6.1　改正道路交通法の一部施行 ・運転免許を受けようとする者等に対する病気の症状に関する公安委員会の質問制度及び虚偽記載に対する罰則整備 ・一定の病気等に該当する者を診察した医師による任意の届出制度 ・一定の病気等に該当する者であると疑う理由があるときの運転免許の効力の暫定的停止制度 ・一定の病気を理由に運転免許を取り消された場合等における運転免許再取得時の試験の一部免除 ・取消処分者講習の受講対象の拡大 ・放置違反金の収納事務の私人への委託 9.1　改正道路交通法の一部施行 ・環状交差点の交通方法に関す	各都道府県警察において、最高速度規制等の基本方針等を示す「速度管理指針」を策定・公表。 　「危険ドラッグ」乱用者による事件・事故が相次いで発生。「脱法ドラッグ」が「危険ドラッグ」に改称される。

年 月 日	法　　令　　等	そ　　の　　他
平成26年	る規定の整備	
平成27年	6. 1　改正道路交通法の一部施行 ・自転車の運転による交通の危険を防止するための講習に関する規定の整備 ・一定の病気に該当すること等を理由として免許を取り消された場合における再取得した免許に係る免許証の有効期間に関する規定の整備 6.17　改正道路交通法の一部施行 ・運転免許の仮停止の対象範囲の拡大 6.17　道路交通法の一部改正 ・高齢運転者対策の推進を図るための規定の整備（臨時認知機能検査、臨時高齢者講習、臨時適性検査等に関する規定の整備） ・運転免許の種類等に関する規定の整備（準中型自動車免許の新設等） 9.18　第4次社会資本整備重点計画閣議決定	全国の交通事故発生件数及び負傷者数は、11年連続で減少となったが、死者数4,117人で、15年ぶりに増加
平成28年	中央交通安全対策会議が平成28年から平成32年までの五箇年の第10次交通安全基本計画を制定（目標：平成32年までに24時間死者数を2,500人以下とし、世界一安全な道路交通を実現する）	平成28年の交通事故死者数は、3,904人で、昭和24年以来67年ぶりに3千人台 　1.15　長野県北佐久郡軽井沢町におけるスキーバスの15人死亡、26人重軽傷の事故 10.28　神奈川県横浜市における高齢運転者による1人死亡、7人重軽傷の事故
平成29年	3.12　改正道路交通法の一部施行 ・準中型自動車免許の新設等に関する規定の整備 ・臨時高齢者講習制度の導入	平成29年の交通事故死者数は、3,694人で、警察庁が保有する昭和23年以降の統計で最少 　6.30　「高齢運転者交通事故防止対

年月日	法　　令　　等	そ　　の　　他
平成29年	・更新時の認知機能検査における専門医の診断の義務付け範囲の拡大 ・75歳以上の運転者に対する臨時の認知機能検査制度の導入 5.1　自転車活用推進法の施行	策に関する有識者会議」において、「高齢運転者交通事故防止対策に関する提言」を警察庁交通局長へ提出
平成30年		平成30年中の交通事故死者数は3,532人で、警察庁が保有する昭和23年以降の統計で最少
令和元年	6.5　道路交通法の一部改正 ・自動車の自動運転の技術の実用化に対応するための規定の整備 ・携帯電話使用等対策の推進に関する規定の整備 ・自動車、原動機付自転車及び軽車両の定義に関する規定の整備 ・運転免許証の再交付申請に関する規定の整備 ・運転経歴証明書に関する規定の整備 12.1　改正道路交通法の一部施行 ・携帯電話使用等対策の推進を図るための規定の整備 ・歩行補助車等及び軽車両に係る規定の整備 ・運転免許証等の再交付申請に関する規定の見直し ・運転経歴証明書の交付に係る規定の整備	令和元年中の交通事故死者数は、3,215人で、警察庁が保有する昭和23年以降の統計で最少となった前年を更に下回る。
令和2年	4.1　改正道路交通法の一部施行 ・自動車の自動運転の技術の実用化に対応するための規定の整備 6.10　道路交通法の一部改正 ・高齢運転者対策の推進に関す	令和2年中の交通事故死者数は、2,839人で、初めて3,000人を下回る。

年 月 日	法 令 等	そ の 他
令和2年	る規定の整備 ・運転免許の受験資格の見直し等に関する規定の整備 ・悪質・危険運転者対策の推進に関する規定の整備 ・普通自転車の定義に係る規定等の見直しに関する規定の整備 ・停車及び駐車を禁止する場所の規制から除外する対象の拡大に関する規定の整備 ・車輪止め装置の取付け措置による違法駐車行為の防止に係る規定の削除 ・初心運転者標識に係る規定の見直しに関する規定の整備 ・運転免許試験の一部免除に関する規定の整備 ・診断書提出命令に関する規定の整備 6.30　改正道路交通法の一部施行 ・妨害運転に対する罰則の創設等 12. 1　改正道路交通法の一部施行 ・普通自転車の定義に係る規定等の見直しに関する規定の整備 ・停車及び駐車を禁止する場所の規制から除外する対象の拡大に関する規定の整備 ・車輪止め装置の取付け措置による違法駐車行為の防止に係る規定の削除 ・初心運転者標識に係る規定の見直しに関する規定の整備	
令和3年	中央交通安全対策会議が令和3年から令和7年までの五箇年の第11次交通安全基本計画を制定（目標：令和7年までに24時間死者数を2,000人以下と	

年 月 日	法　　令　　等	そ　の　他
令和3年	し、世界一安全な道路交通を実現する）	令和3年中の交通事故死者数は、2,636人で、警察庁が保有する昭和23年からの統計で、5年連続で最少を更新
	6.18　道路交通法施行令及び予算決算及び会計令の一部を改正する政令等の一部改正	8. 4　「交通安全対策に関する関係閣僚会議」において、「通学路等における交通安全の確保及び飲酒運転の根絶に係る緊急対策を決定
	・ミニカーの積載物の重量制限に関する規定の整備	
	・小型特殊自動車の積載物の重量制限に関する規定の整備	
	・反則金の納付等に関する規定の整備	
	・出納官吏等の収納手続に関する規定の整備	
	・振込みによる反則金の納付等において明らかにすべき事項に関する規定の整備	
	6.28　道路交通法施行令及び予算決算及び会計令の一部を改正する政令等の改正に伴う一部施行	
	・ミニカーの積載物の重量制限に関する規定の整備	
	・小型特殊自動車の積載物の重量制限に関する規定の整備	
	・反則金の納付等に関する規定の整備	
	・出納官吏等の収納手続に関する規定の整備	
	・振込みによる反則金の納付等において明らかにすべき事項に関する規定の整備	
	11.10　道路交通法施行規則の一部改正	
	・安全運転管理者の業務における酒気帯びの有無の記録及び記録の保存に関する規定の整備	
	・安全運転管理者の業務におけるアルコール検知器の使用等に関する規定の整備	

年 月 日	法 令 等	そ の 他
令和4年	4. 1 道路交通法施行規則の一部を改正する内閣府令の一部施行 ・安全運転管理者の業務における酒気帯びの有無の記録及び記録の保存に関する規定の整備 4.27 道路交通法の一部改正 ・特定自動運行に係る許可制度の創設に関する規定の整備 ・特定小型原動機付自転車及び遠隔操作型小型車の交通方法等に関する規定の整備 ・特定免許情報の個人番号カードへの記録に関する規定の整備 ・通行させている者を歩行者とする車（移動用小型車等）に関する規定の整備 ・停車及び駐車を禁止する場所の規制から除外する対象の拡大に関する規定の整備 ・自転車に乗車する者に対する乗車用ヘルメットの着用に係る努力義務に関する規定の整備 ・安全運転管理者に関する規定の整備 5.13 改正道路交通法の一部施行 ・高齢運転者対策の推進に関する規定の整備 ・運転免許の受験資格の見直し等に関する規定の整備 ・運転免許試験の一部免除に関する規定の整備 ・診断書提出命令に関する規定の整備 10. 1 改正道路交通法の一部施行 ・停車及び駐車を禁止する場所	令和4年中の交通事故死者数は、2,610人で、警察庁が保有する昭和23年からの統計で、6年連続で最少を更新

年 月 日	法　　　令　　　等	そ　　の　　他
令和4年	の規制から除外する対象の拡大に関する規定の整備 ・安全運転管理者に関する規定の整備	
令和5年	4.1　改正道路交通法の一部施行 ・特定自動運行に係る許可制度の創設に関する規定の整備 ・遠隔操作型小型車の交通方法等に関する規定の整備 ・通行させている者を歩行者とする車（移動用小型車等）に関する規定の整備 ・自転車に乗車する者に対する乗車用ヘルメットの着用に係る努力義務に関する規定の整備 7.1　改正道路交通法の一部施行 ・特定小型原動機付自転車の交通方法等に関する規定の整備	令和5年中の交通事故死者数は、2,678人で、平成27年以来、8年ぶりに増加

3　点数制度などのしくみ

　（※なお、「3　点数制度などのしくみ」、「4　初心運転者期間制度」、「5　取消処分者講習制度」及び「6　運転免許証の更新などの手続」などにつきましては、各警察本部又は各警察署にお問い合わせください。）

(1)　点数制度

　点数制度は、運転者の過去3年間の交通違反や交通事故に対して一定の点数を付し、その合計点数が処分の基準に達した場合に運転免許（仮免許を除く。以下「免許」という。）の効力の停止（一般には、「運転免許の停止」などと言われているもの。以下その言い方に従う。）や取消し等の処分をする制度です。この制度は、危険性の高い運転者を道路交通の場から排除しようとするものです。

(2)　点数の計算

　点数には、交通違反に付するもの（基礎点数）と、交通事故に付するもの（付加点数）があります。

ア　違反行為に付される基礎点数は、特定違反行為と一般違反行為に区別されています。酒酔い運転、ひき逃げ等の悪質・危険行為は、その行為のみであっても免許の取消しを行い、欠格期間を3年以上に指定することができるよう、特定違反行為として高い点数が付されています。

　また、その他の違反行為は一般違反行為として行為の危険性に応じて1点から25点までの基礎点数を付しています（表　一般違反行為に付する基礎点数）。

○特定違反行為に付する基礎点数

特定違反行為の種別		点数			点数
運転殺傷等			危険致死運傷転等	危険運転致死等	62
	運転殺人等	62		危険運転致傷等（治療期間3月以上又は後遺障害）	55
	運転傷害等（治療期間3月以上又は後遺障害）	55		危険運転致傷等（治療期間30日以上3月未満）	51
	運転傷害等（治療期間30日以上3月未満）	51		危険運転致傷等（治療期間15日以上30日未満）	48
	運転傷害等（治療期間15日以上30日未満）	48		危険運転致傷等（治療期間15日未満）	45
	運転傷害等（治療期間15日未満又は建造物損壊）	45	酒酔い運転		35
			麻薬等運転		35
			妨害運転（著しい交通の危険）		35
			救護義務違反		35

イ　交通事故を起こしたときは、事故の種別（被害の程度）と不注意の程度に応じて付加点数（2点から20点まで）が付されます。

○交通事故の付加点数

交通事故の種別（被害の程度）／責任の度合い	交通事故が専ら違反行為者の不注意によって発生したものである場合の点数	左記以外の場合の点数
死亡事故	20点	13点
傷害事故等 治療期間3月以上又は後遺障害をともなうもの	13点	9点
傷害事故等 治療期間30日以上3月未満	9点	6点
傷害事故等 治療期間15日以上30日未満	6点	4点
傷害事故等 治療期間15日未満又は建造物損壊	3点	2点

表 一般違反行為に付する基礎点数

一般違反行為の種類			点数	酒気帯び*点数 0.15以上0.25未満 (mg/ℓ)
無免許運転			25	
酒気帯び運転*	0.25以上(mg/ℓ)		25	
	0.15以上0.25未満(mg/ℓ)		13	
過労運転等			25	
妨害運転(交通の危険のおそれ)			25	
共同危険行為等禁止違反			25	
大型自動車等無資格違反			12	19
仮免許運転違反			12	19
無車検運行			6	16
無保険運行			6	16
速度超過	50km以上		12	19
	30km以上50km未満		6	16
	高速	40km以上50km未満	6	16
		30km以上40km未満	3	15
	25km以上30km未満		3	15
	20km以上25km未満		2	14
	20km未満		1	14
積載物重量制限超過	10割以上	大型等	6	16
		普通等	3	15
	5割以上10割未満	大型等	3	15
		普通等	2	14
	5割未満	大型等	2	14
		普通等	1	14
携帯電話使用等	交通の危険		6	16
	保持		3	15
放置駐車違反	駐停車禁止場所等	高齢運転者等専用場所等	3	
		高齢運転者等専用場所等以外	3	
	駐車禁止場所等	高齢運転者等専用場所等	2	
		高齢運転者等専用場所等以外	2	
保管場所法違反(道路使用)			3	
保管場所法違反(長時間駐車)			2	
警察官現場指示違反			2	14
警察官通行禁止制限違反			2	14
信号無視	赤色等		2	14
	点滅		2	14
通行禁止違反			2	14
歩行者用道路徐行違反			2	14
通行区分違反			2	14
歩行者側方安全間隔不保持等			2	14
急ブレーキ禁止違反			2	14
法定横断等禁止違反			2	14
高速自動車国道等車間距離不保持			2	14
追越し違反			2	14
路面電車後方不停止			2	14
踏切不停止等			2	14
遮断踏切立入り			2	14
優先道路通行車妨害等			2	14
交差点安全進行義務違反			2	14
環状交差点通行車妨害等			2	14
環状交差点安全進行義務違反			2	14
横断歩行者等妨害等			2	14
徐行場所違反			2	14
指定場所一時不停止等			2	14
駐停車違反	駐停車禁止場所等	高齢運転者等専用場所等	2	14
		高齢運転者等専用場所等以外	2	14
	駐車禁止場所等	高齢運転者等専用場所等	1	14
		高齢運転者等専用場所等以外	1	14
整備不良	制動装置等		2	14
	尾灯等		1	14
作動状態記録装置不備			2	14
安全運転義務違反			2	14
幼児等通行妨害			2	14

一般違反行為の種類	点数	酒気帯び*点数 0.15以上0.25未満 (mg/ℓ)
安全地帯徐行違反	2	14
騒音運転等	2	14
消音器不備	2	14
大型自動二輪車等乗車方法違反	2	14
自動運行装置使用条件違反	2	14
高速自動車国道等措置命令違反	2	14
本線車道横断等禁止違反	2	14
高速自動車国道等運転者遵守事項違反	2	14
免許条件違反	2	14
番号標表示義務違反	2	14
混雑緩和措置命令違反	1	14
通行許可条件違反	1	14
通行帯違反	1	14
路線バス等優先通行帯違反	1	14
軌道敷内違反	1	14
道路外出右左折方法違反	1	14
道路外出右左折合図車妨害	1	14
指定横断等禁止違反	1	14
車間距離不保持	1	14
進路変更禁止違反	1	14
追い付かれた車両の義務違反	1	14
乗合自動車発進妨害	1	14
割込み等	1	14
自動車等交差点右左折方法違反	1	14
交差点右左折等合図車妨害	1	14
指定通行区分違反	1	14
環状交差点左折等方法違反	1	14
交差点優先車妨害	1	14
緊急車妨害等	1	14
交差点等進入禁止違反	1	14
無灯火	1	14
減光等義務違反	1	14
合図不履行	1	14
合図制限違反	1	14
警音器吹鳴義務違反	1	14
乗車積載方法違反	1	14
定員外乗車	1	14
積載物大きさ制限超過	1	14
積載方法制限超過	1	14
制限外許可条件違反	1	14
牽引違反	1	14
原付牽引違反	1	14
転落等防止措置義務違反	1	14
転落積載物等危険防止措置義務違反	1	14
安全不確認ドア開放等	1	14
停止措置義務違反	1	14
初心運転者等保護義務違反	1	14
座席ベルト装着義務違反	1	14
幼児用補助装置使用義務違反	1	14
乗車用ヘルメット着用義務違反	1	14
初心運転者標識表示義務違反	1	14
聴覚障害者標識表示義務違反	1	14
最低速度違反	1	14
本線車道通行車妨害	1	14
本線車道緊急車妨害	1	14
本線車道出入方法違反	1	14
牽引自動車本線車道通行帯違反	1	14
故障車両表示義務違反	1	14
仮免許練習標識表示義務違反	1	14

(注)*は、呼気1ℓ当たりのアルコール濃度を表します。

(3) 処分などの基準点数

　免許の停止や取消しの処分及び欠格期間は、自動車等の運転者の過去３年間の交通違反や交通事故にあらかじめ一定の点数を付し、その累積点数の多寡に応じて指定されますが、その基準は以下のようになっています。

○一般違反行為をしたことを理由として行政処分がなされる場合の累積点数と欠格期間の対応関係

過去３年以内の免許の停止などの回数		0回	1回	2回	3回以上
免許の停止		6点～14点	4点～9点	2点～4点	2点又は3点
免許の取消し	欠格期間1年（3年）	15点～24点	10点～19点	5点～14点	4点～9点
	欠格期間2年（4年）	25点～34点	20点～29点	15点～24点	10点～19点
	欠格期間3年（5年）	35点～39点	30点～34点	25点～29点	20点～24点
	欠格期間4年（5年）	40点～44点	35点～39点	30点～34点	25点～29点
	欠格期間5年	45点以上	40点以上	35点以上	30点以上

○特定違反行為をしたことを理由として行政処分がなされる場合の累積点数と欠格期間の対応関係

過去３年以内の免許の停止などの回数		0回	1回	2回	3回以上
免許の取消し	欠格期間3年（5年）	35点～39点			
	欠格期間4年（6年）	40点～44点	35点～39点		
	欠格期間5年（7年）	45点～49点	40点～44点	35点～39点	
	欠格期間6年（8年）	50点～54点	45点～49点	40点～44点	35点～39点
	欠格期間7年（9年）	55点～59点	50点～54点	45点～49点	40点～44点
	欠格期間8年（10年）	60点～64点	55点～59点	50点～54点	45点～49点
	欠格期間9年（10年）	65点～69点	60点～64点	55点～59点	50点～54点
	欠格期間10年	70点以上	65点以上	60点以上	55点以上

（注）　欠格期間中又は欠格期間終了後５年以内に再び違反行為をしたときは、欠格期間が１年あるいは２年間延長されます（カッコ内）。

(4) 免許の拒否、保留等

　免許証の交付を受ける前に交通違反をしたり、交通事故を起こしたりすると、免許が受けられなかったり、一定期間保留されることがあります。

(5) 一定の病気等による免許の取消し等

　公安委員会は、幻覚の症状を伴う精神病であって道路交通法施行令で定めるもの、発作により意識障害又は運動障害をもたらす病気であって道路交通法施行令で定めるもの、その他自動車等の安全な運転に支障を及ぼすおそれがある病気として道路交通法施行令で定めるも

のにかかっている者、認知症である者等については、道路交通法施行令で定める基準に従い、免許を受けようとする者には免許の拒否又は保留、免許を受けている者には免許の取消し又は停止をすることができます。

(6)　無違反の運転者に対する特例

　1年間無違反であれば、点数制度上、それ以前の違反の点数や免許の停止等の処分歴は、その後の違反の点数と合算せず又は前歴としないという特例が認められています。1年間の無違反期間については、免許を受けていた期間に限られています。

4　初心運転者期間制度

(1)　準中型免許、普通免許、大型二輪免許、普通二輪免許又は原付免許について、免許の種類ごとに取得後1年間（停止中の期間を除く。）を初心運転者期間とし、その間に違反行為をし、道路交通法施行令で定める一定の基準に該当した者には「初心運転者講習」が行われます。

(2)　(1)の基準に該当する運転者が、「初心運転者講習」を受講しない場合や、講習を受けてもその後初心運転者期間が終了するまでの間に違反行為をし、政令で定める一定の基準に該当した場合は、再試験が行われます。

(3)　再試験に合格しなかった者、正当な理由なく再試験を受けなかった者は免許が取り消されます。

(4)　(3)の取消処分については、欠格期間がありません。

5　取消処分者講習制度

　過去に免許の拒否若しくは取消し（再試験の取消しを除きます。）又は6か月を超える期間の運転の禁止の処分を受けた者が、欠格期間経過後運転免許試験を再び受けようとするときは、過去1年以内に公安委員会が行う「取消処分者講習」を受講していなければ、免許試験を受験できません。

6　運転免許証の更新などの手続

(1)　運転免許証の更新

　運転免許証（以下「免許証」という。）の有効期間は、違反運転者等（更新日等において、継続して免許を受けている期間が5年以上であり、かつ、5年間に違反行為等をした者（3点以下の軽微違反行為1回のみをした者（人身事故等を起こしていない場合に限る。）は除く。）又は継続して免許を受けている期間が5年未満である者）については、3年間と定められています。それ以外の優良運転者（更新日等において、継続して免許を受けている期間

が5年以上であり、かつ、5年間違反行為等をしていない者）及び一般運転者（優良運転者又は違反運転者等以外の者）については、更新日等における年齢に応じて、次のとおり定められています。

・70歳未満の者　満了日等の後の5回目の誕生日から起算して1月を経過するまでの期間
・70歳の者　　　満了日等の後の4回目の誕生日から起算して1月を経過するまでの期間
・71歳以上の者　満了日等の後の3回目の誕生日から起算して1月を経過するまでの期間

また、更新期間については、誕生日の1か月前から1か月後までの2か月間と決められています。

更新手続をする場合は、申請用写真（都道府県によっては不要なところもあります。）、現在所持している免許証と手数料を添えて申請します。

なお、海外旅行や病気など、道路交通法施行令で定めるやむを得ない理由により、更新期間内に手続ができない場合は、更新期間前であっても、パスポート、診断書などその理由を示す書類を添えて更新を申請することができます。

(2) 更新時における講習

免許証を更新するときは、講習を受けなければなりませんが、更新時講習については、運転者の過去の違反・事故等の状況に応じてきめ細かく安全教育を行っていくため、優良運転者、一般運転者又は違反運転者等の区分に応じ、優良運転者に対する講習（30分）、一般運転者に対する講習（1時間）、違反運転者に対する講習（2時間）、初回更新者に対する講習（2時間）の4種類になります。

また、更新前6か月以内に、公安委員会が行う一定の任意講習や自動車教習所等が行う更新時講習と同等の効果があるとの認定を受けた運転免許取得者教育を受講された方は、更新時講習を受ける必要はないこととされています。ただし、違反運転者に対する講習と同等の効果があるとの認定は予定されていないので、違反運転者については、運転免許取得者教育による更新時講習の免除を受けることはできません。

高齢運転者は、免許証の更新を申請する方で更新期間満了日における年齢が70歳以上の方は、更新期間が満了する日の前6か月以内に高齢者講習を受けていなければなりません。ただし、更新期間が満了する日の前6か月前以内に、次の講習等を受講した方は、高齢者講習を受ける必要はないこととされています。

・公安委員会が行う一定の任意講習の受講者
・高齢者講習と同等の効果があるとの認定を受けた運転免許取得者教育の受講者

また、更新期間満了日における年齢が75歳以上の方は、更新期間が満了する日前6か月以内に、認知機能検査を受検しなければならないこととされています。

検査の結果は、受検者の記憶力・判断力の状況によって「認知症のおそれあり」及び「認知症のおそれなし」の2分類に区分され「認知症のおそれあり」と判定された場合には、医師の診断を受けなければならず、認知症と診断されると、免許の取消し等の処分がなされま

す。

さらに、更新期間満了日における年齢が75歳以上の方で、一定の違反歴がある方に対しては、運転技能検査の受検が義務付けられ、これに合格しなければ運転免許証が更新されないこととされています。

(3)　免許証の更新をしなかった場合

免許証を更新しなかった場合は、その免許は失効します。したがって、再び免許を取得するためには、改めて免許試験を受けなければなりません。しかし、次のような場合には、免許試験の一部が免除されます。

ア　免許が失効した日から6か月以内の場合

免許が失効した日から6か月以内であれば、適性試験（目・耳・運動能力の検査）に合格すれば、新しい免許証が交付されます。この場合は、申請用写真、住民票の写し（本籍の記載があるもの）等に手数料を添えて申請します。

イ　やむを得ない理由のために免許の失効後6か月以内に免許試験（学科・技能試験免除）
　を受けられなかった場合

病気や海外旅行等のやむを得ない理由のため、免許が失効した後6か月以内に免許試験（学科・技能試験免除）を受けることができなかったときは、その後、その事情（病気、海外旅行等）がなくなった日から起算して1月を経過しない期間内に診断書かパスポートなどその事情を証明する書類と申請用写真、住民票の写し（本籍の記載があるもの）等に手数料を添えて申請をし、適性試験に合格すれば、免許証の交付が受けられます。

ただし、やむを得ない理由のためでも、免許失効後3年を超えた場合については、試験の一部免除が認められなくなり、適性試験、学科試験のほか技能試験を受ける必要があります。

やむを得ない理由により免許証の更新を受けなかった人が、免許失効後6か月以内に免許を再取得した場合には、失効した免許を受けていた期間を、継続して免許を受けている期間に含むこととするようになり、これにより、過去の運転経歴が基準に適合したものであれば、優良運転者又は一般運転者とされるようになります。

ウ　やむを得ない理由がなく、うっかりして免許を失効させ、免許証の更新を受けなかった
　人が、失効後6か月を超え、1年を経過しないときに免許を再取得しようとする場合には、仮免許試験の技能試験及び学科試験が免除されます。

(4)　住所や氏名の変更届

転居や結婚などで住所や氏名等に変更があった場合は、次のものを添えてすみやかに変更届をしなければなりません。

①　本籍を変更したときは住民票の写し（本籍の記載があるもの）
②　住所を変更したときは住所を確認できるもの

③　氏名を変更したときは個人番号カード又は住民票の写し（本籍の記載があるもの）

(5)　住所地以外の都道府県公安委員会を経由した更新の申請の特例

　一定の要件を満たす優良運転者は、免許証の有効期間が満了する日の直前の誕生日までの間に免許証の更新の申請をする場合には、住所地を管轄する都道府県公安委員会以外の都道府県公安委員会を経由して更新の申請ができることとされています。

(6)　国外運転免許証の申請

　国外運転免許証をもっていれば、外国（ジュネーブ条約加盟国）で運転することができます。国外運転免許証の有効期間は、発給の日から１年間です。

　国外運転免許証の交付は、写真（申請前６か月以内に撮影した縦4.5センチメートル×横3.5センチメートルのもの）１枚、パスポート等、現在所持している免許証と手数料を添えて申請します。

(7)　運転免許証の自主返納（申請による運転免許の取消し）

　加齢による身体機能の低下などを理由に自動車等の運転をやめる際には、免許の取消しを申請して免許証を返納することができます。都道府県によっては、免許証を返納した者に対し、公共交通機関の運賃を割り引くなどの措置が講じられています。

　また、免許証の返納後５年以内又は運転免許の失効後５年以内に申請すれば、運転経歴証明書の交付を受けることができ、金融機関の窓口などで本人確認書類として使用することができます。

7　自動車の保管場所の確保など

(1)　保管場所の確保

　自動車の保有者は、道路上の場所以外の場所に、次の要件のすべてに当てはまる保管場所を確保しなければなりません。
ア　住所など自動車の使用の本拠の位置との間の距離が２キロメートルを超えないものであること。
イ　自動車が通行することができる道路から支障なく出入りさせ、かつ、その全体を収容することができるものであること。
ウ　土地の所有権など保管場所を使用する権原を有するものであること。

(2)　保管場所証明の制度

　自動車の新規の登録を受けようとする場合や、使用の本拠の位置を変更する登録を受けようとする場合等は、警察署長から保管場所証明書の交付を受けて、これを運輸支局などに提

出等しなければなりません（適用地域については、特別区並びに市、町及び、自動車の保管場所の確保等に関する法律施行令別表第1に掲げる村の区域（平成12年6月1日における区域）に限られています。）。

(3) 保管場所の届出の制度

ア　軽自動車の保管場所の届出

軽自動車を新たに運行の用に供しようとするときは、保管場所の位置を管轄する警察署長に、保管場所の位置などを届け出なければなりません（適用地域については、特別区及び自動車の保管場所の確保等に関する法律施行令別表第2に掲げる市の区域（平成12年6月1日における区域）に限られています。）。

イ　保管場所の変更届出

登録自動車について保管場所証明書で証明された保管場所の位置を変更した場合（使用の本拠の位置を変更しない場合に限ります。）又は軽自動車についてアで届け出た保管場所の位置を変更した場合は、アと同様な届出が必要です。

(4) 保管場所標章の表示

自動車の保有者が、保管場所証明書の交付を受けたとき又は保管場所の届出をしたときは、警察署長から、保管場所標章が交付されますので、それを自動車の後面ガラスなどに貼り付けて表示しなければなりません。

(5) その他

ア　保管場所を確保していない自動車は、運行の用に供することを制限されることがあります。

イ　自動車の保有者や保管場所の管理者は、公安委員会から、保管場所に関し報告又は資料の提出を求められることがあります。

8　交通事故と損害保険のしくみ

交通事故を起こしたとき、その経済的損失を補うためのものとして保険の制度があります。自動車の保険には、強制加入の自動車損害賠償責任保険（又は自動車損害賠償責任共済）と任意加入の自動車保険（又は自動車共済）があります。

(1) 強制加入の保険

ア　自動車損害賠償責任保険（自賠責保険）

(ｱ)　この保険は、自動車又は原動機付自転車の運行によって他人を傷つけたり、死亡させたりした場合に、損害賠償責任を負担することによる損害を補償するものです。

(ｲ)　支払われる保険金の限度額（被害者1名につき）は、次の表のとおりです。

区　　　　　分		保　険　金
死亡	死亡による損害	最高3,000万円
	死亡するまでの傷害による損害	最高　120万円
傷害	傷害による損害	
	後遺傷害による損害（障害の程度に応じ14等級に分類）	最高4,000万円（第1級）から最低75万円（第14級）

※平成14年4月1日以降発生の事故に適用されます。

(ｳ)　この保険は、損害保険会社及びその代理店で取り扱っています。

(ｴ)　保険契約時に保険証明書が、保険会社から交付されます。この証明書は法律により、運行の際、常時携行することが義務づけられています。自動車や原動機付自転車を運転するときは、保険証明書を携行していることを必ず確認しましょう。なお、保険証明書を備え付けることが構造上困難であると認められる場合は、保険証明書の画像データ等をスマートフォン等の端末に保存して携行することで備付義務が履行できます。

(ｵ)　保険契約後に登録番号・車両番号の変更や譲渡、契約者の住所・氏名の変更など保険証明書の記載事項に変更があったときは、保険会社へ申し出て証明書の書き換えの手続をすることが必要です。

(ｶ)　この保険をつけていないと、一般の自動四輪車では車検を受けられません。この保険は、車検期間にあわせて契約します。

イ　自動車損害賠償責任共済（自賠責共済）

　自賠責共済は、農業協同組合や全労済等で行っているもので、共済の内容、共済金等は自賠責保険と同様です。

(2)　任意加入の保険

　強制保険の自賠責保険は、対人賠償事故に限定されており、保険金額や補償範囲に限度があるなどの点で必ずしも十分とはいえません。交通事故の賠償額は強制保険の保険金以上の賠償金を支払うことが多くなっていますので、任意の自動車保険にも加入しておくと安心です。

　また、強制保険の対象とならない対物損害・車両損害や自損事故による傷害などに備えるためにも任意の自動車保険は必要です。

　任意加入の自動車保険には、自家用自動車用、一般自動車用等のさまざまな保険があり、いずれも損害保険会社及びその代理店で取り扱っています。また、ほぼ同様の内容の任意の自動車共済があり、農業協同組合や全労済等で取り扱っています。

⑶ 保険金の請求

ア 事故の通知

交通事故を起こした場合は、ただちに契約保険会社（共済については農業協同組合や全労済等）かその代理店に①事故の年月日　②事故の場所　③損害の程度　④保険証明書（任意加入の自動車保険の場合は保険証券）の番号などを通知します。

イ 保険金を請求できる人（自賠責保険の場合）

保険金を請求できる人は、加害者と被害者です。保険金請求には、本請求のほか、仮渡金の請求があり、それぞれの場合の請求の方法と請求できる人は、次のとおりです。

自賠責保険金の請求方法と請求できる人

請求者 / 請求方法	加 害 者	被 害 者
本 請 求	・加害者がまず被害者に損害賠償金を支払ったうえで、その領収書その他必要書類を添えて保険金の請求ができます。 ・実際に被害者に支払った金額についてだけ請求できることになっています。	・加害者から賠償が受けられないような場合には、加害者の加入している保険会社に直接、損害賠償額の請求ができます。
仮 渡 金	・請求できません。	・当座の出費をまかなうために、前払い金として請求できます。支払われる金額は、 ①死亡の場合…290万円 ②傷害の場合…その程度に応じ、40万円、20万円、5万円です。

（注）　被害者請求をする場合には、加害者が契約している自賠責保険で請求することになりますから、保険会社名、保険証明書番号の確認が必要です。
　　　なお、加害者から支払いを受けた損害については保険金から差引かれます。

なお、任意加入の自動車保険の場合は、これと異なりますので、契約の保険会社かその代理店に問い合わせましょう。

ウ 保険金請求に必要な書類

保険金の請求には、交通事故証明書、事故発生状況報告書、診断書などの書類が必要となりますので、契約の保険会社かその代理店（共済の場合は農業協同組合や全労済等）に問い合わせましょう。

⑷ 損害賠償と示談

交通事故を起こし他人に損害を与えた場合、相手と話合い（示談）をして、損害賠償額を決めることになりますが、示談が成立しない場合の解決方法としては、調停・裁判があります。

示談は誠意を持って進めるとともに、示談屋などの介入を避け、弁護士かあるいは次の各

相談所で相談するようにしましょう。

交通事故の相談機関（すべて無料です）

① 都道府県交通事故相談所（都道府県庁内）

② 主要都市の交通事故相談所（市役所内）

③ 警察の交通事故相談係（警察署内）

④ 日弁連交通事故相談センター（地区弁護士会内）

⑤ 交通安全協会の交通相談所（交通安全協会内）

⑥ 損害保険会社の交通事故相談所（全国の各店舗内）

⑦ 日本損害保険協会の自動車保険請求相談センター（全国48箇所）

⑧ 交通事故紛争処理センター

　札幌（011）281—3241　仙台（022）263—7231　東京（03）3346—1756　名古屋（052）581—9491　大阪（06）6227—0277　広島（082）249—5421　高松（087）822—5005　福岡（092）721—0881　さいたま（048）650—5271　金沢（076）234—6650　静岡（054）255—5528

⑨ その他共済取扱いの交通事故相談所

＜自動車に表示されている標識（マーク）について＞

※初心運転者標識（初心者マーク）

○準中型免許又は普通免許を受けた人で、当該準中型免許又は普通免許を受けていた期間（当該免許の効力が停止されていた期間を除く。）が通算して1年に達していない人は、普通自動車の前と後ろの定められた位置に初心者マークを表示して運転しなければなりません。

○準中型免許を受けた人で、当該準中型免許を受けていた期間（当該免許の効力が停止されていた期間を除く。）が通算して1年に達していない人は、準中型自動車の前と後ろの定められた位置に初心者マークを表示して運転しなければなりません。

※身体障害者標識（身体障害者マーク）

普通自動車対応免許を受けた人で、肢体不自由であることを理由に免許に条件を付されている人は、肢体不自由が自動車の運転に影響を及ぼすおそれがあるときは、普通自動車の前と後ろの定められた位置に身体障害者マークを表示して運転するように努めなければなりません。

※高齢運転者標識（高齢者マーク）

普通自動車対応免許を受けた70歳以上の人は、加齢に伴って生ずる身体機能の低下が自動車の運転に影響を及ぼすおそれがあるときは、普通自動車の前と後ろの定められた位置に高齢者マークを表示して運転するように努めなければなりません。（従来の高齢運転者標識も当分の間、使用出来ます。）

＊聴覚障害者標識（聴覚障害者マーク）

○普通自動車対応免許を受けた人で、道路交通法施行令で定める程度の聴覚障害があることを理由に免許に条件を付されている人は、普通自動車の前と後ろの定められた位置に聴覚障害者マークを表示して運転しなければなりません。

○準中型自動車を運転することができる免許を受けた人で、道路交通法施行令で定める程度の聴覚障害があることを理由に免許に条件を付されている人は、準中型自動車の前と後ろの定められた位置に聴覚障害者マークを表示して運転しなければなりません。

※　上記の標識（マーク）を表示している自動車に対しては、危険防止のためやむを得ない場合のほか、幅寄せをしたり、前方に無理に割り込んではいけません。

令和4年改正道路交通法 （令和4年法律第32号）の概要

公布日：令和4年4月27日

1 特定自動運行に係る許可制度の創設に関する規定の整備

（施行日：令和5年4月1日から施行）

(1) 道路において、自動運行装置（自動運行装置を備えている自動車が整備不良車両に該当することとなったとき又は自動運行装置の使用が自動運行装置に係る使用条件を満たさないこととなったときに、直ちに自動的に安全な方法で自動車を停止させることができるものに限る。）を当該自動運行装置に係る使用条件で使用して当該自動運行装置を備えている自動車を運行すること（自動車の運行中の道路、交通及び当該自動車の状況に応じて自動車の装置を操作する者がいる場合のものを除く。）を「特定自動運行」と定義し、「運転」の定義から除くこととするなど、特定自動運行の定義等に関する規定を整備することとなりました。（第2条関係）

(2) 特定自動運行を行おうとする者は、特定自動運行に関する計画（以下「特定自動運行計画」という。）等を記載した申請書を特定自動運行を行おうとする場所を管轄する都道府県公安委員会（以下「公安委員会」という。）に提出して、許可を受けなければならないこととし、公安委員会は、許可をしようとするときは、特定自動運行計画が一定の基準に適合するかどうかを審査して、これをしなければならないこととするなど、特定自動運行の許可に関する規定を整備することとなりました。（第75条の12～第75条の17関係）

(3) 特定自動運行は、(2)の許可を受けた特定自動運行計画及び許可の条件に従わなければならないこととするなど、(2)の許可を受けた者（以下「特定自動運行実施者」という。）の遵守事項等に関する規定を整備することとなりました。（第75条の18～第75条の24関係）

(4) 公安委員会による特定自動運行実施者に対する指示並びに特定自動運行の許可の取消し及びその効力の停止の規定を設けることとするなど、特定自動運行実施者に対する行政処分等に関する規定を整備することとなりました。（第75条の25～第75条の29関係）

2 特定小型原動機付自転車及び遠隔操作型小型車の交通方法等に関する規定の整備

(1) 特定小型原動機付自転車の交通方法等に関する規定の整備（第2条、第17条～第18条、第25条、第30条、第34条、第35条、第38条、第64条、第64条の2、第67条、第71条の4、第108条の2、第108条の3の5、第108条の3の6、第108条の26、第108条の29、第108条の32の4、第110条の2及び第125条関係）

（施行日：令和 5 年 7 月 1 日から施行）

① 原動機付自転車のうち、車体の大きさ及び構造が自転車道における他の車両の通行を妨げるおそれのないものであり、かつ、その運転に関し高い技能を要しないものである車として一定の基準に該当するものを「特定小型原動機付自転車」と定義することとなりました。

② 特定小型原動機付自転車は、道路の左側端に寄って当該道路を通行しなければならないこととしたほか、右折するときは、あらかじめその前からできる限り道路の左側端に寄り、かつ、交差点の側端に沿って徐行しなければならないこととなりました。

③ 特定小型原動機付自転車は、運転免許を受けないで運転することができることとなりました。

④ 16歳未満の者は、特定小型原動機付自転車を運転してはならないこととなりました。

⑵ 遠隔操作型小型車の交通方法等に関する規定の整備（第 2 条、第 4 条〜第 8 条、第10条、第12条〜第13条の 2 及び第14条の 2 〜第15条の 6 関係）

（施行日：令和 5 年 4 月 1 日から施行）

① 人又は物の運送の用に供するための原動機を用いる小型の車であって遠隔操作により通行させることができるもののうち、車体の大きさ及び構造が歩行者の通行を妨げるおそれのないものとして一定の基準に該当するものであり、かつ、一定の基準に適合する非常停止装置を備えているものを「遠隔操作型小型車」と定義することとなりました。

② 遠隔操作型小型車は、歩道又は歩行者等の通行に十分な幅員を有する路側帯と車道の区別のある道路においては当該歩道又は路側帯を通行しなければならないこととするなど、遠隔操作型小型車の通行方法に関する規定を整備することとなりました。

③ 遠隔操作型小型車（遠隔操作により道路において通行させるものに限る。）の使用者は、当該遠隔操作型小型車を遠隔操作により通行させようとする場所を管轄する公安委員会に届出をしなければならないこととなりました。

3 特定免許情報の個人番号カードへの記録に関する規定の整備

（施行日：公布の日から起算して 3 年を超えない範囲内において政令で定める日から施行）

⑴ 特定免許情報の個人番号カードへの記録等に関する規定の整備（第95条の 2 関係）

① 運転免許（仮運転免許を除く。以下⑴において同じ。）を現に受けている者のうち、当該運転免許について運転免許証のみを有するもの等は、いつでも、その者の

個人番号カードの区分部分に特定免許情報（当該者の運転免許に係る一定の情報をいう。以下同じ。）を記録することを申請することができることとなりました。

② 免許情報記録個人番号カード（その者に係る特定免許情報が記録された個人番号カードをいう。以下同じ。）は、運転免許証の携帯及び提示義務に係る規定の適用については、運転免許証とみなすこととなりました。

(2) 現に受けている運転免許と異なる種類の運転免許を与える場合、運転免許に条件を付し、又は運転免許に付されている条件を変更した場合、運転免許が取り消された場合等における免許情報記録個人番号カードについての手続を整備するなど、免許情報記録個人番号カードに関する規定等を整備することとなりました。（第95条の3〜第95条の6、第103条の2及び第106条の4〜第107条関係）

(3) 免許情報記録の有効期間の更新に関する規定等を整備することとなりました。（第101条〜第101条の4の2及び第105条関係）

(4) 運転免許証等の保管に関する規定の廃止等（第104条の3、第107条の5、第109条及び第123条の2関係）

① 運転免許証又は国際運転免許証若しくは外国運転免許証の保管に関する規定を廃止することとなりました。

② ①の運転免許証又は国際運転免許証若しくは外国運転免許証の保管の対象とされていた者に対する出頭命令について、これに従わなかった者に対する過料の規定を創設することとなりました。

(5) 申請による運転免許の取消しを受けた者及び運転免許が失効した者は、その者の住所地を管轄する公安委員会に対し、運転に関する経歴についての情報をその者の個人番号カードの区分部分に記録することを申請することができることとなりました。（第105条の2関係）

4 その他

(1) 人の移動の用に供するための原動機を用いる小型の車であって、車体の大きさ及び構造が他の歩行者の通行を妨げるおそれのないものとして一定の基準に該当するものを「移動用小型車」と定義し、移動用小型車を通行させている者は歩行者とするなど、通行させている者を歩行者とする車に関する規定を整備することとなりました。（第2条及び第14条の4関係）

（施行日：令和5年4月1日から施行）

(2) 停車及び駐車を禁止する場所の規制から除外する対象を、旅客の運送の用に供する自動車（乗合自動車を除く。）が、乗客の乗降のための停車又は運行時間を調整するための駐車であって、地域住民の生活に必要な旅客輸送を確保するために有用であり、かつ、道路又は交通の状況により支障がないことについて、関係者が合意し、その旨

を公安委員会が公示したものに改め、無償で行う旅客の運送の用に供する自動車等について停車及び駐車を禁止する場所の規制から除外される対象となり得ることとなりました。（第44条関係）

（施行日：令和 4 年10月 1 日から施行）

⑶　自転車の運転者は、乗車用ヘルメットをかぶるよう努めるとともに、他人を当該自転車に乗車させるときは、当該他人に乗車用ヘルメットをかぶらせるよう努めなければならないこととなりました。（第63条の11関係）

（施行日：令和 5 年 4 月 1 日から施行）

⑷　安全運転管理者の選任義務違反等に対する罰則を引き上げることとするなど、安全運転管理者に関する規定を整備することとなりました。（第74条の 3 、第119条の 2 、第120条及び第123条関係）

（施行日：令和 4 年10月 1 日から施行）

最　新

自転車の安全利用の
ポイント

自転車安全利用五則

　令和４年11月１日の中央交通安全対策会議交通対策本部決定「自転車の安全利用の促進について」において自転車の通行ルールの広報啓発に当たって活用することとされた自転車の基本的なルールです。

1	車道が原則、左側を通行
	歩道は例外、歩行者を優先
2	交差点では信号と一時停止を守って、安全確認
3	夜間はライトを点灯
4	飲酒運転は禁止
5	ヘルメットを着用

自転車の通行ルール

車道通行の原則

○　自転車は、車道通行が原則、歩道は例外です。道路交通法上、自転車は軽車両と位置付けられており、歩道と車道の区別のある道路では車道通行が原則です。

【罰則　3月以下の懲役又は5万円以下の罰金】

また、自転車は道路の左端に寄って通行しなければなりません。

歩道の通行ができる場合

○　普通自転車は、道路標識等で通行できることとされている場合に加えて、次の場合は歩道の通行が認められます。

運転者が児童（6歳以上13歳未満）・幼児（6歳未満）、70歳以上の高齢者及び身体の不自由な人の場合

道路工事や連続した駐車車両などのために車道の左側部分を通行することが困難な場所を通行する場合や著しく自動車などの交通量が多く、かつ、車道の幅が狭いなどのために、追越しをしようとする自動車などとの接触事故の危険がある場合など普通自転車の通行の安全を確保するためやむを得ないと認められるときは、歩道を通ることができます。

ただし、歩道を通行できる場合でも、警察官が歩道を通行してはならない旨を指示した場合は、指示に従わなければなりません。

自転車道の通行

○　普通自転車は、自転車道が設けられている道路では、道路工事等でやむを得ない場合を除いて自転車道を通行しなければなりません。
【罰則　２万円以下の罰金又は科料】

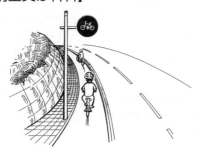

特定小型原動機付
自転車・自転車専用

路側帯の通行

○　路側帯を通行する際は、道路の中央から左の部分に設けられた路側帯は通ることができます。しかし、歩行者の通行を妨げてはいけません。また、２本の白い実線のある路側帯は歩行者以外は通行してはいけません。
【罰則　３月以下の懲役又は５万円以下の罰金】

＜歩行者用路側帯＞

＜路側帯＞

＜駐停車禁止路側帯＞

ヘルメットの着用等

○　自転車を運転するすべての人は、ヘルメットをかぶるように努めなければなりません。また、同乗する人にもヘルメットをかぶらせるように努めなければなりません。

○　児童・幼児を保護する責任のある者は、児童や幼児が自転車を運転するときは、ヘルメットをかぶらせるよう努めなければなりません。

　また、幼児を自転車の幼児用座席に乗車させるときは、シートベルトを着用させるようにしましょう。

信号は必ず守る

○　信号機のある交差点では、信号に従わなければなりません。

【罰則　3月以下の懲役又は5万円以下の罰金等】

○　自転車は「歩行者・自転車専用」と表示されている人の形の記号を有する灯火の信号機がある場合や横断歩道を進行する場合は、人の形の記号を有する灯火の信号機に従わなければなりません。

道路の横断

○　道路を横断しようとするとき、近くに自転車横断帯がある場合は、自転車横断帯を通行しなければなりません。

○　斜め横断をしてはいけません。

○　横断歩道を通って道路を横断する場合は、横断中の歩行者がいないなど歩行者の通行を妨げるおそれのない場合を除き、自転車に乗ったまま通行してはいけません。

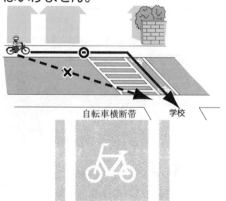

自転車横断帯　　学校

交差点での一時停止と安全確認

○　「一時停止」の標識のあるところでは、一時停止をして、安全を確かめなければなりません。

【罰則　3月以下の懲役又は5万円以下の罰金等】

歩道は歩行者優先で、車道寄りを徐行

○　歩道に「特例特定小型原動機付自転車・普通自転車の歩道通行部分」が示されているところでは付近に歩行者がいない場合は、歩道の状況に応じた安全な速度と方法で進行することができます。

○　「特例特定小型原動機付自転車・普通自転車の歩道通行部分」がない場合はすぐに停止できる速度で、歩行者の通行を妨げる場合は一時停止しなければなりません。
【罰則　２万円以下の罰金又は科料】

特例特定小型原動機付自転車・
普通自転車の歩道通行部分

普通自転車等及び
歩行者等専用

○　歩道から車道へ及び車道から歩道への乗り入れは、車道や歩道の状況について安全を確かめてから行いましょう。特に、ひんぱんな乗り入れの連続や交差点付近での歩道から車道への乗り入れは危険です。また、歩道から車道へ乗り入れる場合には、右側通行をすることとならないようにしなければなりません。

○　歩行者は、歩道に白線と自転車の記号の標示がある場合は、それによって指定された部分をできるだけ避けて通りましょう。
　　また、道路工事などで歩道や幅の十分な路側帯を通行できない場合を除き、自転車道に入ってはいけません。

並進の禁止

〇　「並進可」標識のある場合以外では、並進は禁止です。道路の左端寄りを一列で進行しましょう。
【罰則　２万円以下の罰金又は科料】

二人乗りは禁止

〇　幼児（６歳未満）を一人乗車設備に乗せる等の場合を除き、二人乗りは禁止です。
【罰則　５万円以下の罰金又は科料等】

歩行者等の通行を妨げる運転の禁止

〇　普通自転車が歩道を進行する場合は歩行者の通行を妨げないように徐行、一時停止しなければなりません。
【罰則　２万円以下の罰金又は科料】

飲酒運転の禁止

〇　自転車も自動車と同様に飲酒運転は禁止です。
【酒酔い運転の罰則　５年以下の懲役又は100万円以下の罰金】

運転中の携帯電話、傘さし運転

○　注意力が散漫になり、またバランスを崩したり大変危険です。

○　携帯電話の注視・通話・操作をしたり、傘をさしたり、物を担いだりしての運転や、ヘッドホンの使用などによる周囲の音が十分聞こえないような運転は不安定になったり、周囲の交通の状況に対する注意が不十分になるのでやめましょう。

○　傘を自転車に固定して運転するときも不安定になったり、視野が妨げられたり、傘が歩行者に接触したりするなどして、危険な場合があります。

雨の日は雨合羽を利用するようにしましょう。

○　これらは、多くの都道府県公安委員会規則により運転者の遵守事項違反として、５万円以下の罰金となる場合があります。

夜間

○　夜間は、前照灯及び尾灯（又は反射器材）をつけましょう。
【罰則　５万円以下の罰金】

○　尾灯や反射器材（後部反射器材、側面反射器材）は付いているか、また、後方や側面からよく見えるかを点検しましょう。

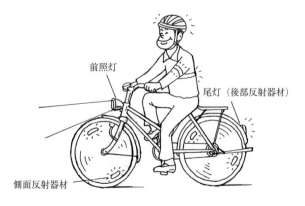

前照灯

尾灯（後部反射器材）

側面反射器材

Q&A

Q 普通自転車とはどのような自転車ですか？

A 次の条件を満たす自転車を道路交通法上、普通自転車といいます。
・長さ：190cm　幅：60cmを超えないこと。
・側車を付していないこと。
・ブレーキは走行中容易に操作できる位置にあること。
・歩行者に危害を及ぼすおそれのある鋭利な突出部がないこと。
・四輪以下の自転車で、他の車両を牽引していないもの。
　自転車は努めて TS マーク、JIS マーク、BAA マーク、SG マークなどの自転車の車体の安全性を示すマークの付いたものを使いましょう。

├─幅─┤
（60cmを超えないこと）

├──長さ──┤
（190cmを超えないこと）

Q 自転車にも自動車の損害賠償保険のような保険がありますか？

A 自動車のような強制保険制度はありませんが、任意保険等として次のようなものがあります。自転車による交通事故でも、自転車の運転者に多額の賠償責任が生じるおそれがありますので、損害賠償保険等に加入するようにしましょう。

保険の種類	対　象
個人賠償責任保険	事故の相手の生命身体財産
傷害保険	事故を起こした本人の生命身体
TS マーク付帯保険	事故の相手及び自分の生命・身体

TS マーク

第一種 TS マーク
（青色）

第二種 TS マーク
（赤色）

Q 自転車も自動車のように損害賠償保険に加入しなければなりませんか？

A 自動車のような強制保険制度はありません。しかし、自転車が加害者となる事故では、1億円近い高額賠償事例もあります。（一財）全日本交通安全協会や民間の損害保険会社等では自転車利用者に対する損害賠償保険を取り扱っています。

自転車保険に入って安心ね!

Q 自転車を駅前などに放置するのは許されるのですか？

A 自転車を道路上に放置することは、交通の妨害になるなど大変危険です。歩道上にはみ出して駐車したり、点字ブロックの上や近くに駐車すると歩行の通行を妨げたり危険です。自転車専用駐車場などにきちんと置きましょう。

Q　自転車に乗らないで押して行くときは歩行者になりますか？

A　自転車やバイクを押して歩くときは歩行者と見なされます。歩行者のルールに従って道路を通行することになります。

Q　自転車で走っていて歩行者に怪我をさせましたが、警察に届けなければなりませんか？

A　交通事故を起こしたときは①～③手順で処理します。この処理を怠るとひき逃げ等として罰せられることがあります。
　　①　負傷者の救護
　　②　道路上の危険防止
　　③　警察への通報
　その他の対応
　　事故状況の確認
　　損害保険会社への連絡（保険に加入している場合）

Q　自転車から物を投げたりする人がいますが、罰則はありますか？

A　石、ガラス瓶、金属片等道路上の人や車両を損壊するおそれのある物を投げたり、発射したりするのは、禁じられています。罰則として5万円以下の罰金が課せられます。

Q 自転車の「ベル」はつける必要がありますか？

A 道路交通法第71条第6号では「道路又は交通の状況により公安委員会が道路における危険防止その他交通の安全を図るため必要と認めた事項」を守らなければならないとしています。これを受けて都道府県の多くは「警音器の整備されていない自転車を運転しないこと」と規定しています。しかし、むやみに鳴らすことは慎みましょう。

Q ベル（警音器）は、どのような場合に使用すればよいのですか？

A 警音器は、「警笛区間」の標識がある区間内の見通しのきかない交差点などを通過するときや、危険を避けるためやむを得ないときだけ使用し、歩道などでみだりに鳴らしてはいけません。

Q 自転車事故で問われる責任はどのようなものですか？

A 自転車利用者も法律違反をして事故を起こすと、自転車利用者に過失（不注意）がある場合には、刑事上の責任が問われます。相手を死傷させた場合は、民事上の損害賠償責任も負うことになります。

刑事上の責任	相手を死傷させた場合、自転車利用者には「重過失致死傷罪」等が適用されることがあります。
民事上の責任	被害者に対して損害賠償の責任を負うことになります。

※ その他道義的な責任として、被害者に対して見舞、謝罪など十分な誠意を示す必要があります。

Q 自転車は道路標識・標示を覚える必要がありますか？

A 自転車利用者が道路を走る場合には道路における交通の規制や危険を心得ておかなくてはなりません。その役目をするのが道路標識・標示です。覚えておく必要があります。

| Q | 自転車運転者講習とはどのような講習ですか？ |

A　交通の危険を生じさせるおそれのある一定の違反行為を反復して行った自転車の運転者に対し、安全運転の大切さへの「気付き」を促し、自転車の運転者による交通の危険を防止するための講習です（平成27年6月1日から実施）。

○　講習制度の内容
　　自転車運転者講習の対象となる危険行為を、3年以内に2回以上行った自転車運転者に対して、都道府県公安委員会が講習を受けるように命令します。
　　講習時間は3時間で、受講命令に従わなかった場合は罰則があります（罰則：5万円以下の罰金）。

○　自転車運転者講習の対象となる危険行為
● 信号無視
● 通行禁止違反
● 歩行者用道路における車両の義務違反（徐行違反）
● 通行区分違反
● 路側帯通行時の歩行者の通行妨害
● 遮断踏切立入り
● 交差点安全進行義務違反等
● 交差点優先車妨害
● 環状交差点安全進行義務違反等
● 指定場所一時不停止等
● 歩道通行時の通行方法違反
● 制動装置（ブレーキ）不良自転車運転
● 酒酔い運転
● 安全運転義務違反
● 妨害運転

特定小型原動機付自転車の
安全利用のポイント

特定小型原動機付自転車 （いわゆる電動キックボード等） に 関する主な交通ルール

特定小型原動機付自転車とは

特定小型原動機付自転車とは、次の基準を全て満たすものをいいます。

【車体の大きさ】

長さ：190センチメートル以下　　　　幅：60センチメートル以下

【車体の構造】

○時速20キロメートルを超えて加速することができない構造であること。

○走行中に最高速度の設定を変更することができないこと。

○オートマチック・トランスミッション（AT）であること。

○最高速度表示灯（灯火が緑色で、点灯又は点滅するもの）が備えられていること。等

これらの基準を満たさないものは、形状が電動キックボード等であっても、その車両区分（一般原動機付自転車又は自動車）に応じた交通ルールが適用されます。

特定小型原動機付自転車の運転は、16歳以上であれば、運転免許は不要ですが、これらの基準を満たさない車両の運転には、運転免許が必要です。

運転者の年齢制限

○16歳未満の者の運転の禁止

特定小型原動機付自転車を運転するのに運転免許は必要ありませんが、**16歳未満の者が特定小型原動機付自転車を運転することは禁止**されています。

主な交通ルール（運転する前に）

○保安基準への適合等

特定小型原動機付自転車を運転するに当たっては、①車両が道路運送車両の保安基準に適合し、②自賠責保険（共済）に加入し、③ナンバープレートを取り付けなければなりません。

※　特定小型原動機付自転車のナンバープレートについては、安全性の観点から、車体幅に収まるような、従来の原動機付自転車のものよりも小型のものが交付されますので、従来の原動機付自転車のナンバープレートを交付されていても、小型のナンバープレートの交付を受けることができます。安全の確保のため、小型のナンバープレートを取り付けるようにしましょう。

性能等確認済シール

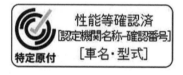

小型のナンバープレート

○飲酒運転の禁止

お酒を飲んだときは絶対に運転してはいけません。

飲酒運転は極めて悪質・危険な犯罪です。

通行する場所

○車道通行の原則

車道と歩道又は路側帯の区別のあるところでは、**車道を通行**しなければなりません（自転車道も通行することができます）。

道路では、原則として、**左側端**に寄って通行しなければならず、**右側を通行してはいけません**。

【通行場所のイメージ】

「特定小型原動機付自転車・自転車専用」

「普通自転車専用通行帯」

○左折又は右折の方法

・左折の方法

　左折をしようとする場合には、後方の安全を確かめ、あらかじめ**ウィンカーを操作して左折の合図**を行い、できるだけ道路の左端に沿って十分に速度を落とし、**横断中の歩行者の通行を妨げないように注意して曲がらなければなりません。**

【イメージ】

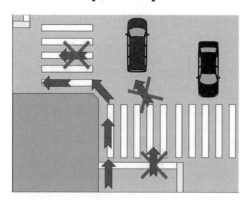

・右折の方法

　どのような交差点でも、いわゆる**「二段階右折」**（※）をしなければなりません。

※　青信号で交差点の向こう側まで直進し、その地点で止まって右に向きを変え、前方の信号が青になってから進むこと

【イメージ】

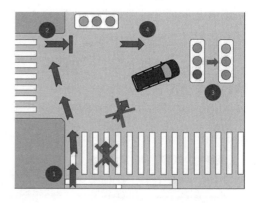

主な交通ルール

○信号機の信号に従う義務

　原則として、**車両用の信号に従わなければなりません。**

○通行の禁止

　道路標識等によりその通行を禁止されている道路又はその部分を通行してはいけません。

【主な関係道路標識】

「通行止め」　「車両通行止め」「車両進入禁止」　「特定小型原動機付自転車・自転車通行止め」

特定小型原動機付自転車は、通行・進入してはいけません。

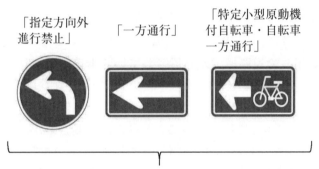

「指定方向外進行禁止」　「一方通行」　「特定小型原動機付自転車・自転車一方通行」

特定小型原動機付自転車も従わなければなりません。

○一時停止すべき場所

　道路標識等により一時停止すべきとされているときは、停止線の直前（停止線がない場合は、交差点の直前）で一時停止しなければなりません。

「一時停止」

○歩行者の優先

　歩行者が横断しているときや横断しようとしているときは、**横断歩道の手前（停止線があるときは、停止線の手前）で一時停止**をして歩行者に道を譲らなければなりません。

○その他守らなければならないこと

スマートフォン等を通話のために使用したり、その画面に表示された画像を注視したりしながら運転してはいけません。

例外的に歩道を通行できる場合

特例特定小型原動機付自転車の基準を全て満たす場合に限り、歩道を通行することができます。通行することができる歩道は、全ての歩道ではなく、「普通自転車等及び歩行者等専用」の道路標識が設置されている歩道に限られます。

【**特例**特定小型原動機付自転車の基準】
- ○　最高速度表示灯（緑色の灯火）を点滅させていること
- ○　時速6キロメートルを超えて加速することができない構造であること等
  - ※　スロットル等の操作により、これ以上の速度で走行できる場合には、基準を満たさず、歩道を通行することができません。

歩道を通行する場合は、歩道の中央から車道寄りの部分又は普通自転車通行指定部分を通行しなければなりません。

歩道を通行するときは、歩行者優先で、歩行者の通行を妨げることとなるときは一時停止しなければなりません。

【歩道通行のイメージ】

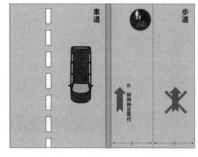

「普通自転車等及び歩行者等専用」

安全利用のために

○乗車用ヘルメットの着用

交通事故の被害を軽減するためには、頭部を守ることが重要ですので、乗車用ヘルメットを着用しましょう。

交通事故の場合の措置

交通事故が起きたときは、直ちに負傷者を救護したり、警察官に交通事故について報告したりしなければなりません。

これらの措置を講じなければ、いわゆる「ひき逃げ」になります。

交通事故が起きたときは、具体的には、次のような措置を講じなければなりません。

(1) 事故の続発を防ぐため、他の交通の妨げにならないような安全な場所（路肩、空地など）に車両を止め、エンジンを切る。

(2) 負傷者がいる場合は、医師、救急車などが到着するまでの間、ガーゼや清潔なハンカチ等で止血するなど、可能な応急救護処置を行う。この場合、むやみに負傷者を動かさない（特に頭部を負傷しているときは動かさない）ようにする。ただし、後続車による事故のおそれがある場合は、速やかに負傷者を救出して安全な場所に移動させる。

(3) 事故が発生した場所、負傷者数や負傷の程度、物の損壊の程度、事故車両の積載物などを警察官に報告し、指示を受ける。

Q&A

Q　特定小型原動機付自転車とはどのような車両ですか？

A　特定小型原動機付自転車とは、次の基準を全て満たすものをいいます。

【車体の大きさ】

長さ：190センチメートル以下

幅　：60センチメートル以下

【車体の構造】

○時速20キロメートルを超えて加速することができない構造であること。

○走行中に最高速度の設定を変更することができないこと。

○オートマチック・トランスミッション（AT）であること。

○最高速度表示灯（灯火が緑色で、点灯又は点滅するもの）が備えられていること。

等。

Q　特定小型原動機付自転車も自賠責保険に加入しなければなりませんか？

A　特定小型原動機付自転車は、自動車損害賠償責任保険又は自動車損害賠償責任共済（いわゆる自賠責保険（共済））への加入が義務付けられています。

ただし、特定小型原動機付自転車による交通事故でも、運転者に多額の損害賠償責任が生じるおそれがありますので、いわゆる任意保険にも加入するようにしましょう。

Q　特定小型原動機付自転車を歩道などに駐車するのは許されるのですか？

A　特定小型原動機付自転車を歩道や道路に駐車すれば、放置駐車違反に該当する場合があります。特定小型原動機付自転車は、自動車と同様に、道路標識等により駐車が禁止されている道路の部分のほか、法定で禁止されている駐車禁止場所では、駐車をしてはいけません。

Q 特定小型原動機付自転車運転者講習とはどのような講習ですか？

A 交通の危険を生じさせるおそれのある一定の違反行為を反復して行った特定小型原動機付自転車の運転者に対し、安全運転の大切さへの「気付き」を促し、特定小型原動機付自転車の運転者による交通の危険を防止するための講習です。

○講習制度の内容

　特定小型原動機付自転車運転者講習の対象となる危険行為を、3年以内に2回以上行った特定小型原動機付自転車運転者に対して、都道府県公安委員会が講習を受けるように命令します。講習時間は3時間で、受講命令に従わなかった場合は罰則があります。（罰則：5万円以下の罰金）

○特定小型原動機付自転車運転者講習の対象となる危険行為

　・信号無視
　・通行禁止違反
　・歩行者用道路徐行違反
　・通行区分違反
　・歩道徐行等義務違反
　・路側帯進行方法違反
　・遮断踏切立入り
　・優先道路通行車妨害等
　・交差点優先車妨害
　・環状交差点通行車妨害等
　・指定場所一時不停止等
　・整備不良車両の運転
　・酒気帯び運転等
　・共同危険行為等
　・安全運転義務違反
　・携帯電話使用等
　・妨害運転

第3章　特定小型原動機付自転車や自転車に
　　　　乗る人の心得

　特定小型原動機付自転車や自転車の通行方
法は、特別の場合のほかは自動車と同じで
す。特定小型原動機付自転車や自転車に乗る
ときは、特にこの章に書かれている事柄に注
意しましょう。

　第1節　特定小型原動機付自転車の正しい
　　　　　乗り方

1　特定小型原動機付自転車に乗るに当たつ
　ての心得

　⑴　酒を飲んだときや疲れが激しいとき
　　は、乗つてはいけません。

　⑵　ハンドル、ブレーキ、灯火装置その他
　　の各装置が整備されていないため、交通
　　の危険を生じさせたり、ほかの人に迷惑
　　を及ぼしたりするおそれのある特定小型
　　原動機付自転車を運転してはいけませ
　　ん。

　⑶　二人乗りをしてはいけません。

　⑷　16歳未満の人に、特定小型原動機付自
　　転車を貸してはいけません。

　⑸　傘を差したり、物を手やハンドルに提
　　げたりして乗るのはやめましょう。犬な
　　どの動物を引きながら特定小型原動機付
　　自転車に乗るのも危険です。

　⑹　げたやハイヒールを履いて乗らないよ
　　うにしましょう。

　⑺　特定小型原動機付自転車に荷物を積む
　　ときは、運転の妨げになつたり、不安定
　　となつたりするなどして、危険な場合が
　　あるので、そのような積み方をしてはい
　　けません。傘を特定小型原動機付自転車

に固定して運転するときも、不安定とな
つたり、視野が妨げられたり、傘が歩行
者やほかの車に接触したりするなどし
て、危険な場合があります。

　⑻　特定小型原動機付自転車に乗るとき
　　は、乗車用ヘルメットをかぶりましよ
　　う。乗車用ヘルメットは、努めてＳＧマ
　　ークなどの安全性を示すマークの付いた
　　ものを使い、あごひもを確実に締めるな
　　ど正しく着用しましよう。

　⑼　特定小型原動機付自転車に乗るとき
　　は、運転者から見やすいように、明るい
　　目立つ色の衣服を着用するようにしまし
　　よう。夜間は、反射材用品等を着用する
　　ようにしましよう。

　⑽　特定小型原動機付自転車は、クラッチ
　　操作がいらない分、スロットルを急に回
　　転させると急発進する危険がありますの
　　で注意しましよう。

　⑾　特定小型原動機付自転車は、必ず自動
　　車損害賠償責任保険（自賠責保険）か責
　　任共済に加入しなければなりません。ま
　　た、なるべく一般の任意保険にも加入す
　　るようにしましよう。

2　特定小型原動機付自転車の大きさ等の基
　準

　　特定小型原動機付自転車は、車体の大き
　さ及び構造が自転車道における他の車両の
　通行を妨げないものであり、かつ、その運
　転に高い技能を要しないものである車とし
　て、次の基準を満たす原動機付自転車をい
　います。

　⑴　長さは190センチメートル、幅は60セ

ンチメートルをそれぞれ超えないこと。

(2) 原動機として、定格出力が0.60キロワット以下の電動機を用いること。

(3) 時速20キロメートルを超える速度を出すことができないこと。

(4) 構造上出すことができる最高の速度を複数設定することができるものにあつては、走行中に当該最高の速度の設定を変更することができないこと。

(5) オートマチック車であること。

(6) 最高速度表示灯を備えていること。

3 特定小型原動機付自転車の点検

特定小型原動機付自転車に乗る前には、次の要領で点検をし、悪い箇所があつたら整備に出しましょう。また、定期的に販売店などへ行つて点検や整備をしてもらいましょう。特定小型原動機付自転車は、努めて特定小型原動機付自転車の安全性を示すマークである性能等確認済シールや型式認定番号標の付いたものを使いましょう。

(1) ブレーキの遊びや効きは十分か。

(2) 車輪にガタやゆがみはないか。

(3) タイヤの空気圧は適正か。

(4) ハンドルが重くないか。ワイヤーが引つ掛かつていないか。ガタはないか。

(5) 灯火はすべて正常に働くか。

4 特定小型原動機付自転車の正しい乗り方

(1) 特定小型原動機付自転車に乗るときは、見通しのきく道路の左端で、後方と前方の安全を確かめてから発進しましょう。

(2) 右折、左折する場合は、できるだけ早めに合図をしましょう。

(3) 両手でハンドルを確実に握つて運転しましょう。片手運転をしてはいけません。

(4) 停止するときは、安全を確かめた後、早めに停止の合図を行い、まず静かに後輪ブレーキを掛けて十分速度を落としながら道路の左端に沿つて停止し、左側に降りましょう。

第2節 自転車の正しい乗り方

1 自転車に乗るに当たつての心得

(1) 酒を飲んだときや疲れが激しいときは、乗つてはいけません。

(2) ブレーキが故障している自転車には乗つてはいけません。また、尾灯、反射器材のない自転車には、夜間乗つてはいけません。なお、反射器材は努めてJISマークの付いたものを使いましょう。

(3) サドルにまたがつたときに、足先が地面に着かないような、体に合わない自転車には乗らないようにしましょう。

(4) 交通量の少ない場所でも二人乗りは危険ですからやめましょう。ただし、幼児用の座席に幼児を乗せているときは別です。

(5) 傘を差したり、物を手やハンドルに提げたりして乗るのはやめましょう。犬などの動物を引きながら自転車に乗るのも危険です。

(6) げたやハイヒールを履いて乗らないようにしましょう。

(7) 自転車に荷物を積むときは、運転の妨げになつたり、不安定となつたりするなどして、危険な場合があるので、そのような積み方をしてはいけません。傘を自転車に固定して運転するときも、不安定となつたり、視野が妨げられたり、傘が歩行者やほかの車に接触したりするなどして、危険な場合があります。

(8) 子供の保護者は、子供が自転車を運転

するときや、幼児を幼児用座席に乗せる
ときは、子供に乗車用ヘルメットをかぶ
らせるようにしましょう。また、シート
ベルトを備えている幼児用座席に幼児を
乗せるときは、シートベルトを着用させ
ましょう。

(9) 自転車に乗るときは、乗車用ヘルメッ
トなどの交通事故による被害の軽減に資
する器具を着用するようにしましょう。

(10) 自転車に乗るときは、運転者から見や
すいように、明るい目立つ色の衣服を着
用するようにしましょう。夜間は、反射
材用品等を着用するようにしましょう。

(11) 自転車による交通事故でも、自転車の
運転者に多額の損害賠償責任が生じるお
それがありますので、生じた損害を賠償
するための保険等に加入するようにしま
しょう。

2　自転車の点検

自転車に乗る前には、次の要領で点検を
し、悪い箇所があつたら整備に出しましょ
う。また、定期的に自転車安全整備店など
へ行つて点検や整備をしてもらいましょ
う。自転車は、努めて TS マーク、JIS マー
ク、BAA マーク、SG マークなどの自
転車の車体の安全性を示すマークの付いた
ものを使いましょう。

(1) サドルは固定されているか。また、ま
たがつたとき、両足先が地面に着く程度
に調節されているか。

(2) サドルにまたがつてハンドルを握つた
とき、上体が少し前に傾くように調節さ
れているか。

(3) ハンドルは、前の車輪と直角に固定さ
れているか。

(4) ペダルが曲がつているなどのために、

足が滑るおそれはないか。

(5) チエーンは、緩み過ぎていないか。

(6) ブレーキは、前・後輪ともよく効くか
（時速10キロメートルのとき、ブレーキ
を掛けてから3メートル以内で止まれる
か。）。

(7) 警音器は、よく鳴るか。

(8) 前照灯は、明るいか（10メートル前方
がよく見えるか。）。

(9) 方向指示器や変速機のある場合は、よ
く作動するか。

(10) 尾灯や反射器材（後部反射器材と側面
反射器材）は付いているか。また、後方
や側方からよく見えるか。

(11) タイヤには十分空気が入つているか。
また、すり減つていないか。

(12) 自転車の各部品は、確実に取り付けら
れているか。

3　普通自転車の確認

車体の大きさと構造が、次の要件に合つ
た自転車で、他の車両をけん引していない
自転車を普通自転車といいます。TS マー
クの付いた自転車は、これらの要件を満た
しています。なお、使用する自転車が TS
マークの付いていない自転車であるときに
は、普通自転車であるか否かを自転車安全
整備店で確認してもらいましょう。

(1) 四輪以下の自転車であること。

(2) 長さは190センチメートル、幅は60セ
ンチメートルをそれぞれ超えないこと。

(3) 側車を付けていないこと（補助車輪
は、側車には含まれません。）。

(4) 乗車装置（幼児用座席を除きます。）
は、一つであること。

(5) ブレーキは、走行中容易に操作できる
位置にあること。

(6) 鋭い突出部のないこと。

4 自転車の正しい乗り方

(1) 自転車に乗るときは、見通しのきく道路の左端で、後方と前方の安全を確かめてから発進しましょう。

(2) 右折、左折する場合は、できるだけ早めに合図をしましょう。

(3) サドルにまたがって、両手でハンドルを握ったときに、上半身が少し前に傾き、ひじが軽く曲がるようにするのが疲れない姿勢です。

(4) 両手でハンドルを確実に握って運転しましょう。合図をする場合のほかは、片手運転をしてはいけません。

(5) 停止するときは、安全を確かめた後、早めに停止の合図（右腕を斜め下にのばすこと。）を行い、まず静かに後輪ブレーキを掛けて十分速度を落としながら道路の左端に沿って停止し、左側に降りましょう。

第3節 安全な通行

1 特定小型原動機付自転車や自転車の通るところ

(1) 特定小型原動機付自転車や自転車は、歩道と車道の区別のある道路では、車道を通るのが原則です。また、普通自転車は、自転車道のあるところでは、道路工事などの場合を除き、自転車道を通らなければなりません。

なお、特定小型原動機付自転車や自転車は、高速自動車国道や自動車専用道路に入ってはいけません。

(2) 特定小型原動機付自転車や自転車は、車道や自転車道を通るときは、その中央（中央線があるときは、その中央線）から左の部分を、その左端に沿って通行し

なければなりません。ただし、標識（付表3(1)32、32の2、33、33の2）や標示（付表3(2)14、14の2、15）によって通行区分が示されているときは、それに従わなければなりません。

しかし、道路工事などでやむを得ない場合は別です。

(3) 特定小型原動機付自転車のうち、次の要件を満たしており、かつ、他の車両を牽引していない特定小型原動機付自転車を特例特定小型原動機付自転車といいます。

ア 最高速度表示灯を点滅させることにより、歩道や路側帯を通行することができるものであることを表示していること。

イ 時速6キロメートルを超える速度を出すことができないこと。

ウ 次の構造の基準を満たしていること。

(ア) 側車を付していないこと。

(イ) ブレーキは、走行中容易に操作できる位置にあること。

(ウ) 鋭い突出部のないこと。

特例特定小型原動機付自転車と自転車は、道路の中央から左の部分に設けられた路側帯を通ることができます。しかし、歩行者の通行に大きな妨げとなるところや、白の二本線の標示（付表3(2)11）のあるところは通れません。

(4) 特例特定小型原動機付自転車は、歩道に特例特定小型原動機付自転車・普通自転車歩道通行可の標識（付表3(1)29）や標示（付表3(2)21の2、22）がある場合に限り、歩道の車道寄りの部分（歩道に白線と自転車の標示（付表3(2)22）があ

る場合は、それによつて指定された部分）を通ることができます。ただし、警察官や交通巡視員が歩行者の安全を確保するため歩道を通つてはならない旨を指示したときは、その指示に従わなければなりません。

(5) 普通自転車は、次の場合に限り、歩道の車道寄りの部分（歩道に白線と自転車の標示（付表3(2)22）がある場合は、それによつて指定された部分）を通ることができます。ただし、警察官や交通巡視員が歩行者の安全を確保するため歩道を通つてはならない旨を指示したときは、その指示に従わなければなりません。

　ア　歩道に特例特定小型原動機付自転車・普通自転車歩道通行可の標識（付表3(1)29や標示（付表3(2)21の2、22）があるとき。

　イ　13歳未満の子供や70歳以上の高齢者や身体の不自由な人が普通自転車を運転しているとき。

　ウ　道路工事や連続した駐車車両などのために車道の左側部分を通行することが困難な場所を通行する場合や、著しく自動車などの交通量が多く、かつ、車道の幅が狭いなどのために、追越しをしようとする自動車などとの接触事故の危険がある場合など、普通自転車の通行の安全を確保するためやむを得ないと認められるとき。

(6) 自転車は、道路を横断しようとするとき、近くに自転車横断帯があれば、その自転車横断帯を通行しなければなりません。また、横断歩道は歩行者の横断のための場所ですので、横断中の歩行者がいないなど歩行者の通行を妨げるおそれの

ない場合を除き、特定小型原動機付自転車や自転車に乗つたまま通行してはいけません。

2　走行上の注意

　特定小型原動機付自転車や自転車に乗る場合は、危険な走り方を避けるとともに、側方や後方の車の動きにも十分注意しましょう。

(1) 特定小型原動機付自転車や自転車は急ブレーキを掛けると転倒しやすく、また、速度を出し過ぎると周囲の状況の確認や、特定小型原動機付自転車や自転車の制御が困難となるので、天候、時間帯、交通の状況などに応じた安全な速度で走らなければなりません。

(2) 車や路面電車のすぐ後ろに続いたり、また、それにつかまつて走つたりしてはいけません。

(3) 横断や転回をしようとする場合に、近くに自転車横断帯や横断歩道がない場合には、右左の見通しのきくところを選んで車の途切れたときに渡りましよう。また、道路を斜めに横断しないようにしましよう。

(4) 交差点や踏切の手前などで、停止している車やゆつくり進んでいる車があるときは、その前に割り込んだり、これらの車の間を縫つて前へ出たりしてはいけません。

(5) ほかの自転車と並んで走つたり、ジグザグ運転をしたり、競走したりしてはいけません。特定小型原動機付自転車を運転して集団で走行する場合は、ジグザグ運転や巻き込み運転など、ほかの車に危険を生じさせたり、迷惑を及ぼすこととなるような行為をしたりしてはいけませ

ん。

(6)　踏切では、一時停止をし、安全を確かめなければなりません。踏切では、特定小型原動機付自転車や自転車を押して渡るようにしましょう。

(7)　路側帯を通るときは、歩行者の通行を妨げてはいけません。

(8)　歩道を通るときは、特例特定小型原動機付自転車や普通自転車は、歩行者優先で通行しなければなりません。この場合、次の方法により通行しなければなりません。

　ア　すぐ停止できるような速度で徐行すること。ただし、白線と自転車の標示（付表3(2)22）によつて指定された部分がある歩道において、その部分を通行し、又は通行しようとする歩行者がいないときは、歩道の状況に応じた安全な速度（すぐ徐行に移ることができるような速度）と方法でその部分を通行することができます。

　イ　歩行者の通行を妨げるおそれのある場合は、一時停止すること。

(9)　歩道から車道へ及び車道から歩道への乗り入れは、車道や歩道の状況について安全を確かめてから行いましょう。また、特定小型原動機付自転車で歩道に乗り入れる場合には必ず最高速度の設定を時速6キロメートル以下に切り替えましょう。特に、ひんぱんな乗り入れの連続や交差点の付近での歩道から車道への乗り入れは危険です。また、歩道から車道に乗り入れる場合には、右側通行をすることとならないようにしなければなりません。

(10)　歩道でほかの特例特定小型原動

転車や普通自転車と行き違うときは、速度を落としながら安全な間隔を保ち、歩行者に十分注意して、対向する特例特定小型原動機付自転車や普通自転車を右に見ながらよけるようにしましょう。

(11)　スマートフォンなどの携帯電話の通話や操作をしたり、傘を差したり、物を担いだりすることによる片手での運転や、ヘッドホンの使用などによる周囲の音が十分聞こえないような状態での運転は、不安定になつたり、周囲の交通の状況に対する注意が不十分になるのでやめましょう。

(12)　警音器は、「警笛区間」の標識（付表3(1)37）がある区間内の見通しのきかない交差点などを通行するときや、危険を避けるためやむを得ないときだけ使用し、歩道などでみだりに警音器を鳴らしてはいけません。

(13)　夜間はもちろん、昼間でもトンネルや濃霧の中などでは、ライトをつけなければなりません。また、前から来る車のライトで目がくらんだときは、道路の左側に止まつて対向車が通り過ぎるのを待ちましょう。

(14)　走行中、ブレーキやライトなどが故障したときは、特定小型原動機付自転車や自転車を押して歩きましょう。

(15)　路面が凍り付いているところや風雨が強いときは、特定小型原動機付自転車や自転車を押して通りましょう。

3　交差点の通り方

(1)　信号が青になつてから横断しましょう。

　なお、「歩行者・自転車専用」と表示されている歩行者用信号機がある場合や横

断歩道を進行する場合は、歩行者用信号機の信号に従わなければなりません。

(2) 信号機などによる交通整理の行われていない交差点に入るときは、次のことに注意しましょう。

　ア「一時停止」の標識（付表3(1)40）のあるところでは、一時停止をして、安全を確かめなければなりません。

　イ　交差点（環状交差点（車の通行の用に供する部分が環状の交差点であつて、「環状の交差点における右回り通行」の標識（付表3(1)ア35の4）によつて車がその部分を右回りに通行すべきことが指定されているものをいいます。）を除きます。）に入るときは、交通量の少ないところでもいきなり飛び出さないで、安全を十分確かめ、速度を落として通りましよう。また、狭い道路から広い道路に出るときは、特に危険ですから一時停止をして安全を確かめましよう。

　ウ　環状交差点に入るときは、環状交差点内を通行している車などの方が優先ですから、安全を十分確かめ、十分速度を落として通りましよう。

(3) 交差点（環状交差点を除きます。）での右左折は、次の方法でしなければなりません。

　ア　左折するときは、後方の安全を確かめ、その交差点の手前の側端から30メートルの地点に達したときに左折の合図（特定小型原動機付自転車の運転者にあつては左側の方向指示器を操作し、自転車の運転者にあつては右腕の肘を垂直に上に曲げるか左側の方向指示器を操作すること。）を行い、でき

るだけ道路の左端に沿つて十分速度を落とし、横断中の歩行者の通行を妨げないように注意して曲がらなければなりません。

　イ　右折は、次の方法でしなければなりません。

　　(ア) 信号機などにより交通整理の行われている交差点では、青信号で交差点の向こう側までまつすぐに進み、その地点で止まつて右に向きを変え、前方の信号が青になつてから進むようにしなければなりません。なお、赤信号や黄信号であつても自動車や一般原動機付自転車は青の矢印の信号によつて右折できる場合がありますが、この場合でも特定小型原動機付自転車や自転車は進むことはできません。

　　(イ) 交通整理の行われていない交差点では、後方の安全を確かめ、その交差点の手前の側端から30メートルの地点に達したときに右折の合図（特定小型原動機付自転車の運転者にあつては右側の方向指示器を操作し、自転車の運転者にあつては手のひらを下にして右腕を横に水平に出すか右側の方向指示器を操作すること。）を行い、できるだけ道路の左端に寄つて交差点の向こう側までまつすぐに進み、十分速度を落として曲がらなければなりません。

(4) 環状交差点で左折、右折、直進、転回するときは、あらかじめできるだけ道路の左端に寄り、環状交差点の側端に沿つて十分速度を落として通行しなければなりません。環状交差点を出るときは、後

方の安全を確かめ、環状交差点に入つた直後の出口を出る場合はその環状交差点に入つたときに、それ以外の場合は出ようとする地点の直前の出口の側方を通過したときに合図（右腕の肘を垂直に上に曲げるか左側の方向指示器を操作すること。）を行い、横断中の歩行者の通行を妨げないように注意して進まなければなりません。

　また、左折、右折、直進、転回の場合、矢印などの標示（付表3(2)18の2）で通行方法を指定されているときは、それに従わなければなりません。

(5)　自転車は、交差点やその近くに自転車横断帯があるときは、その自転車横断帯を通らなければなりません。

(6)　普通自転車は、交差点やその手前に交差点への進入を禁止する標示（付表3(2)23）があるときは、その交差点へ進入することはできません。この場合は、その左側の歩道に乗り入れ、自転車横断帯によつて交差点を渡りましょう。

4　歩行者などに対する注意

(1)　歩道を通るときは、すぐ停止できるような速度で徐行（白線と自転車の標示（付表3(2)22）によつて指定された部分がある歩道において、その部分を通行し、又は通行しようとする歩行者がいないときは、すぐ徐行に移ることができるような速度で進行）しなければなりません。また、歩行者の通行を妨げそうになるときは一時停止しなければなりません。

(2)　路側帯や、特定小型原動機付自転車や自転車が通行することができる歩行者用道路を通る場合は、歩行者の通行を妨げ

ないよう注意し、特に歩行者用道路では、十分速度を落とさなければなりません。

(3)　停車中の自動車のそばを通るときは、急にドアが開いたり、自動車の陰から歩行者が飛び出したりすることがありますから、注意して十分速度を落としましょう。

(4)　車道を通行する特定小型原動機付自転車や自転車が横断歩道に近づいたときは、横断する人がいないことが明らかな場合のほかは、その手前で停止できるように速度を落として進まなければなりません。また、歩行者が横断しているときや横断しようとしているときは、横断歩道の手前（停止線があるときは、その手前）で一時停止をして歩行者に道を譲らなければなりません。

(5)　子供が独り歩きしているときや、身体の不自由な人が歩いているとき、つえを持つて歩いていたり、歩行補助車を使つていたり、その通行に支障のある高齢者が歩いているときは、危険のないように一時停止するか十分速度を落とさなければなりません。

(6)　特定小型原動機付自転車や自転車を駐車するときは、歩行者や車の通行の妨げにならないようにしなければなりません。また、点字ブロックの上や近くには駐車しないようにしましょう。

　近くに自転車等駐車場がある場合は、特定小型原動機付自転車や自転車をそこに置くようにしましょう。

＊＊＊＊＊＊＊＊＊＊＊＊＊＊＊＊＊＊＊

第1章　歩行者と運転者に共通の心得
　第2節　信号、標識・標示に従うこと

1 信号の意味

(3) 人の形の記号のある信号は、歩行者と横断歩道を進行する特例特定小型原動機付自転車（第3章第3節1(3)の特例特定小型原動機付自転車をいいます。）及び普通自転車（第3章第2節3の普通自転車をいいます。）に対するものですが、特定小型原動機付自転車及びその他の自転車もその信号機に「歩行者・自転車専用」と表示されている（付表2(1)）場合は、その信号機の信号に従わなければなりません。この場合の信号機の信号の意味は付表1(2)のとおりです。また、「バス専用」などの標示板（付表2(1)）のある信号機の信号は、その示されている車（注1）を対象としています。このように車や歩行者に対して信号が特定されているときは、その特定された信号に従わなければなりません。

第2章 歩行者の心得

第2節 歩行者などの通るところ

2 歩道に白線と自転車の標示（付表3(2)22）がある場合は、それによって指定された部分をできるだけ避けて通りましょう。また、道路工事などで歩道や幅の十分な路側帯を通行できない場合を除き、自転車道に入ってはいけません。

第3節 横断の仕方

1 横断の場所

横断歩道や信号機のある交差点が近くにあるところでは、その横断歩道や交差点で横断しなければなりません。また、横断歩道橋や横断用地下道が近くにあるところでは、できるだけその施設を利用しましょう。

なお、「歩行者横断禁止」の標識（付表3(1)42）のあるところでは、横断をしてはいけません。ガードレールのあるところで横断するのも極めて危険です。また、自転車横断帯には入らないようにしましょう。

✳–✳–✳–✳–✳–✳–✳–✳–✳–✳–✳–✳

第5章 自動車や一般原動機付自転車の運転の方法

第3節 歩行者の保護など

7 特定小型原動機付自転車や自転車の保護

(1) 特定小型原動機付自転車や自転車は車両の一種であり、原則として車道を通行することとされています。自転車は、不安定であり、運転者の身体を防護する機能がないという構造上の特性を持っているので、車道を通行する特定小型原動機付自転車や自転車の安全に十分配慮しましょう。

(2) 追越しなどのため特定小型原動機付自転車や自転車のそばを通るときは、特定小型原動機付自転車や自転車のふらつきなどを予想し、特定小型原動機付自転車や自転車との間に安全な間隔を空けるか、徐行しなければなりません。

(3) 道路に面した場所に出入りするため歩道や路側帯や自転車道を横切る場合には、その直前で一時停止をし、特定小型原動機付自転車や自転車がいないかを確かめるようにしましょう。

(4) 交差点を通行するときは、交差する道路や交差点内を通行する特定小型原動機付自転車や自転車との衝突や、左側を通行している特定小型原動機付自転車や自転車の巻き込みなどに十分注意するとともに、特定小型原動機付自転車や自転車の運転者が自動車の存在を認識しているかどうか確認しながら通行するようにし

ましょう。

地域交通安全活動推進委員の手引〔令和6年版〕

2024年6月30日　第1版第1刷発行

編集——交通関係法令研究会

発行者——箕浦文夫

発行所——株式会社　大成出版社

　　　　〒156-0042　東京都世田谷区羽根木1-7-11
　　　　電話　代表03-3321-4131
　　　　FAX　代表03-3325-1888

印刷——信教印刷株式会社